상처는 빛이 들어오는 자리

루미

감정실격

프롤로그

감정을 숨긴 채 무너지던 날들
"나, 아무렇지도 않은 척하다가 부서졌어."

감정이라는 이름의 괴물들

'그림자'는 늘 내 옆에 있었다	011
내 감정은 진짜 내 말이 아니야	019
'난 괜찮아'라는 거짓말	028
모든 감정엔 얼굴이 있다	037

나를 조용히 무너뜨린 감정들

그림자 감정	051
질투: 그 사람이 잘되는 게 싫었다	053
수치심: 사람들 앞에선 괜찮은 척했어	065
분노: 누가 나한테 허락 없이 상처냈어	076
불안: 아무 일도 안 일어났는데, 나는 무너졌다	089
무기력: 아무것도 하기 싫고, 아무도 만나고 싶지 않아	102
슬픔과 외로움: 울고 싶은데 이유를 모를 때	114

3부

감정은 가만히 있으면
들리지 않는다

움직임이 먼저 말을 걸어올 때	129
몸은 나의 첫 고향	134
[움직임 명상 가이드]	136

감정까지 끌어안고 살아간다

감정을 안다고, 갑자기 행복해지진 않아   145
회복은 '나 괜찮아'가 아니라, '나 아직 아파'라고 말하는 것   151
그림자와 화해한 날, 나는 진짜 나를 봤다   159

몸과 감정을 통해 세상과 연결되다

몸이 열리면 관계가 달라진다   165
나의 경계와 타인의 경계   167
세상의 리듬과 나의 리듬 맞추기   171
연결의 완성, 다시 나로 돌아오기   175

에필로그

프롤로그

감정을 숨긴 채 무너지던 날들
"나, 아무렇지도 않은 척하다가 부서졌어."

• • • • •

나는 괜찮은 척에 중독되어 있었다.

화를 내면 유치해 보일까 봐 삼켰고, 슬퍼 보이면 약해 보일까 봐 웃었다.

질투가 올라올 땐 "축하해"라고 말했고, 미움이 솟구칠 때는 "괜찮아"라고 말했다.

내 감정을 감춘 날들, 그건 자기를 부정한 날들이기도 했다.

그렇게 견디다 보니, 어느 순간부터 감정을 못 느끼게 됐다.

무뎌졌고, 무너졌고, 마침내 무관심해졌다.

나는 나를 돌보지 않았고, 돌보지 못했고, 돌보지 않는 척했다.

그러다 어느 날, 아무도 보지 않는 틈에 문득 깨달았다.

"나, 아무렇지도 않은 척하다가 부서졌어."

이 책은 감정에 무너진 사람들을 위한 기록이다.
그러니까, 감정을 다루는 법을 배우지 못해 매번 관계에서 상처 입고,
스스로를 미워하고, 자기 안에 폭탄을 키우고 있는 사람들을 위한
책이다.
괜찮은 사람이 되고 싶어 감정을 눌렀지만, 그 괜찮음이 나를
망가뜨리고 있다는 걸 이제야 알아차린 사람들.
심리학에서는 이를 '감정 억압'이라고 부른다.
감정을 숨기는 습관은 단순히 마음의 문제가 아니다.
심박수, 호흡, 근육 긴장―몸 전체가 '비상 상태'로 굳어버린다.
감정을 억누르는 사람일수록 만성 피로, 불면, 우울증의 위험이
현저히 높아진다고 한다.
감정은 다스려야 할 문제가 아니다.
감정은 그 자체로 '진실'이다.
너무 오래 울지 않아서, 너무 자주 참아서, 너무 자주 웃는 척 해서
우리는 아픈 것이다.
이 책은 '감정을 없애는 법'이 아니라
'감정을 이해하고, 받아들이고, 같이 살아가는 법'을 이야기한다.
감정이란 생존 본능이고, 감정이란 당신이 아직 살아 있다는 증거다.
수치심, 질투, 분노, 외로움, 슬픔, 무기력…
우리가 부끄러워한 그 감정들이야말로
사실은 당신을 살리고 싶어 안간힘을 쓰던 마음이었다.

이제는 그 감정들을, 몰래 숨기지 않아도 된다.
이 책에서, 우리는 함께 감정을 꺼내어 보고, 친절하게 붙잡아보고,
조용히 이름을 불러줄 것이다.
그게 감정과 친해지는 첫 번째 연습이다.
그러니, 용기 내어 책장을 넘겨도 좋다.
여기에는 당신처럼, 감정에 무너졌던 나의 기록이 있다.
그리고 아주 느리게 다시 나로 돌아오는 이야기도.

1부 감정이라는 이름의 괴물들

'그림자'는 늘 내 옆에 있었다
착한 척, 괜찮은 척, 나는 내 그림자를 죽였다

사람들은 말한다.

"넌 참 착하구나."

"넌 항상 괜찮아 보여."

그건 칭찬일까, 아니면 조용한 폭력일까.

나는 '좋은 사람'이 되기 위해 얼마나 많은 감정을 버렸는가.

화를 참았고, 질투를 감췄고, 욕망을 눌렀다.

"난 괜찮아"라고 말했지만, 사실은 무너지고 있었다.

감정을 감추는 데 익숙해지면

그 감정은 사라지는 게 아니라, 다른 얼굴을 하고 돌아온다.

슬픔은 냉소가 되고, 분노는 침묵이 되며, 불안은 통제욕으로 바뀐다.

사라진 게 아니다. 눌린 것이다.

그리고 그 눌린 것들을 우리는 '그림자'라고 부른다.

그림자는 누구에게나 있다.

심리학자 칼 융은 말했다.

"그림자는 우리가 인식하지 못하는 자아의 어두운 측면이며, 우리가 되기를 원치 않는 바로 그 사람이다."

그림자는 내 옆에 있다.
내가 싫어하는 사람, 자주 충돌하는 친구, 질투심을 유발하는 누군가…
그들은 사실 나의 그림자를 자극하고 있는 것이다.
나는 착한 척하면서 화내는 법을 잊었고,
괜찮은 척하면서 욕망을 눌러왔다.
그렇게 착한 나는, 나 아닌 나로 살아왔다.

문제는, 그림자는 죽지 않는다는 거다.
죽인 줄 알았던 감정은
꿈에서, 감정 폭발에서, 이상한 말투와 외양으로 되살아난다.
그림자는 무의식이라는 곳에 숨어 있다가, 내가 가장 약해졌을 때
고개를 든다.
그리고 이렇게 속삭인다.
"나, 아직 여기 있어."

그림자를 억압할수록, 내 인생은 연극이 된다.
어디서도 화내지 못하고
어디서도 '싫다' 말하지 못하고

언제나 착하고, 온순하고, 괜찮은 사람인 척하느라
내 안의 진짜 '나'는 점점 죽어간다.
내가 숨긴 그림자가 많을수록
사람들과의 관계는 불편해지고,
내면의 균형은 깨진다.
그렇게 되면, 결국 내 삶은 '연기'로 가득 차게 된다.
그리고 언젠가, 아무도 모르게 무너진다.
예고 없이, 무너진다.

그림자는 버리는 게 아니다.
그림자는 이해하고 껴안아야 하는 것이다.
그건 내 결핍이고, 나의 상처이고, 나의 욕망이고, 내가 되는 데
필요했던 조각이다.
그 조각들을 모을 때 비로소 나는 '괜찮은 사람'이 아니라
'진짜 나'로 살 수 있다.
착한 척 그만해도 된다.
괜찮은 척 이제 안 해도 된다.
내 그림자는 나를 망가뜨리는 게 아니라
나를 완성시키기 위해 기다리고 있었다.
이제 물어야 한다.
"나는 어떤 감정을 억눌렀지?"

"내가 죽이려 한 나의 일부는 누구였을까?"
그 질문에서부터
그림자는, 내 편이 되기 시작한다.

나를 파괴하는 건 내가 억눌러온 나 자신이었다

처음엔 다른 사람들 때문인 줄 알았다.
상처 준 사람들, 날 무시한 상사, 떠난 연인, 나를 이해하지 못한 가족들.
그들이 날 이렇게 만든 거라고 생각했다.
그런데 아무리 생각해도
그 사람들은 이미 지나갔고, 떠났고, 잊혔는데
나는 여전히 아프고, 불안하고, 무너졌다.
도대체 누가 나를 이렇게까지 망가뜨리고 있는 걸까.
시간이 지나고, 나는 아주 고통스럽게 알아차렸다.
나를 망가뜨린 건
외부의 누군가가 아니라,
내가 억눌러온 나 자신이었다는 걸.

사실은 화가 나 있었는데도, 괜찮은 척했다.
사실은 질투가 나 미칠 것 같았는데, 축하한다고 말했다.
사실은 슬펐는데, 강한 척했고

사실은 외로웠는데, 쿨한 척 웃었다.
나는 내 안의 감정을 외면했고
그 감정들을 다시는 떠오르지 않게 밑바닥에 처박았다.
하지만 감정은 시체가 아니다. 묻힌다고 썩지 않는다.
그건 살아 있다.
어둠 속에서 숨 쉬고 있다.
기다리고 있다.
언제 다시 나를 부술 수 있을지.

억눌린 감정은 복수한다.
몸으로, 관계로, 충동으로, 무기력으로.
삶이 무너지는 방식은 갑작스럽지 않다.
그건 아주 오래전부터 누적된 감정의 복수다.
분노를 억누르면, 우울이 되고
슬픔을 억누르면, 차가운 사람이 되고
두려움을 억누르면, 통제광이 된다.
질투를 억누르면, 냉소와 거리두기로 무장한다.
겉으로는 아무렇지 않아 보이지만
그 안에서 감정은 점점 나를 공격하는 무기가 되어간다.
내가 만든 무기다.
내가 나를 파괴하는 방식이다.

나를 가장 많이 다치게 한 사람은, 어쩌면 나일 수도 있다.
내 감정을 무시한 사람.
내 진심을 밀어낸 사람.
"이 정도는 참아야지"라고 말하며 내 마음을 짓밟은 사람.
그게 바로 나였다.
이제 인정해야 한다.
내가 내 감정을 무시한 순간,
나는 나의 적이 되었다.

부서짐은 나약함이 아니라 신호다.
더는 이대로 살 수 없다는 신호.
억누른 감정이 드디어 말하고 싶어졌다는 증거.
감정은 나를 파괴하고 싶어서 올라오는 게 아니라
나를 살리고 싶어서 올라오는 것이다.
그러니 이제는 묻지 말자.
"왜 이런 감정이 또 올라오지?"
대신 이렇게 물어야 한다.
"이 감정이 지금 나한테 뭐라고 말하고 있지?"
나를 망가뜨리는 건 감정이 아니다.
그 감정을 몰랐던 나.
그 감정을 무시했던 나다.

그 감정을 부끄러워하던 나였다.
그리고
그 감정을 드디어 들여다보려는 지금의 나는
더 이상, 내 적이 아니다.

내 감정은 진짜 내 말이 아니야
"화 안 났어"라고 말할 때, 내 몸은 이미 울고 있다

너, 정말 화 안 났어?

정말 괜찮은 거야?

진짜 아무 일도 아닌 거야?

그 말, 내가 하면서도 알았지.

그건 진심이 아니라, 생존이었다는 걸.

상처받기 싫어서, 거절당하기 싫어서, 이상한 사람 되기 싫어서

감정을 삼켰고, 말로 바꿨고, 결국 나 자신도 속이기 시작했다.

"화 안 났어."

"괜찮아."

"나 그런 거 신경 안 써."

하지만 그 순간, 나는 거짓말을 했고

나의 몸은 진실을 말했다.

몸은 절대 거짓말하지 않는다.

턱이 굳고, 목이 뻣뻣해지고,

손은 이미 주먹을 쥐고 있었다.
배가 싸늘해지고, 눈동자는 흔들리고,
가슴 안쪽이 살짝 떨리는 그 느낌.
말은 아니라고 해도
몸은 이미 반응하고 있다.
'그 말 싫었어', '무시당한 것 같아', '속상해'라는 진짜 마음을
말 대신 몸이 다 떠안고 있는 거다.
그리고 그 감정들은,
입을 막으면 막을수록
몸으로 새어 나온다.

감정을 억누른 자리에 병이 자란다.
지속적인 두통, 장기적인 피로감, 이유 없는 불면,
과민성 대장, 숨막힘, 가슴통증, 식욕 상실.
심리상담실에는
슬픈 사람보다 '슬퍼하지 못하는 사람'들이 찾아온다.
우울한 사람보다 '우울한 걸 인정 못 하는 사람'들이 앉는다.
왜냐하면 그들은 너무 오래
말이 아닌 방식으로 감정을 말해왔기 때문이다.
몸으로 말하고, 표정으로 말하고, 잠으로 도망치고,
사라지는 방식으로 울고 있었다.

감정은 통역이 필요하다.

감정은 언어가 없다.

감정은 느낌이다.

그래서 감정은 몸을 통해 말하고, 행동으로 번역된다.

문제는, 우리가 그걸 듣지 않는다는 거다.

"이 정도는 참아야지."

"이건 내가 예민한 거야."

"다들 그러고 산대."

감정은 그렇게, 말도 꺼내기 전에 무시당한다.

그리고 결국, 나를 떠난다.

감정이 떠난 자리엔

무기력, 공허, 무반응만이 남는다.

그건 감정을 '포기한 사람'에게 오는 징후다.

진짜 괜찮은 사람은 억지로 '괜찮다'고 말하지 않는다.

말 대신 감정을 느끼고,

그 감정을 있는 그대로 받아들인다.

화가 나면 화난다 말하고,

슬프면 울고,

질투가 나면 그 마음을 관찰한다.

감정은 해결하려 들면 복잡해지고,

있는 그대로 받아들이면 가라앉는다.
그걸 못해낸 삶은 늘 '말과 몸이 어긋난 상태'로 살아간다.
그건 균열이다.
그리고 결국, 파열이다.

이제는 물어야 한다.
"내 몸이 나보다 먼저 반응했던 순간은 언제였지?"
"나는 내 감정을 진짜 들어본 적이 있었나?"
"감정에게 미안하다고 말해야 할 일이 있었나?"
나의 말은 모른 척했을지 몰라도
나의 몸은 매일 울고 있었다.
그 울음은 사라진 게 아니라,
나라는 방 안 어딘가에서 지금도 떨리고 있다.
감정을 말해도 괜찮다.
내가 감정을 말할 수 없었던 건,
그 감정이 약해서가 아니라
나를 약하게 만들까 봐 두려웠던 거다.
하지만 감정을 말하는 사람이, 가장 강한 사람이다.

감정은 기억된 고통의 언어다

나는 한때 내 감정을 '성격'이라고 생각했다.

화를 잘 내는 건 성격이 급해서,

마음이 쉽게 무너지는 건 원래 여린 성격이라서.

하지만 상담실에서 처음 들은 말이 있었다.

"그건 성격이 아니라, 기억이에요."

순간 숨이 막혔다.

내가 '지금 느끼는 것'이라 여긴 감정이,

사실은 어린 시절 어느 날의 공포,

그날 참았던 울음,

그리고 말하지 못했던 말들의 잔재였던 거다.

감정은 그 순간의 반응이 아니다.

감정은 축적된 기억이다.

그리고 그 기억은 언제나 '고통'을 포함하고 있다.

어떤 말에 과하게 반응한 적 있지?

누군가의 무심한 한마디에, 나도 놀랄 만큼 욱한 적.
누군가가 나를 외면했을 때, 상상 이상으로 붕괴한 적.
이유는 하나다.
그 감정은 '지금' 온 게 아니라, '과거'에서 왔기 때문이다.

감정은 기억된 고통이 반복 재생되는 장면이다.
슬픔이 지나치게 깊고,
분노가 너무 오래 지속되고,
질투가 멈추질 않는다면
그건 지금의 사건이 아니라,
과거의 기억이 지금에 얹힌 것이다.
감정은 기억된 고통을
마치 오늘 일어난 일처럼 떠올리게 한다.
그리고 우리는 착각한다.
"지금 너무 힘들다"고.
하지만 진짜 무너지는 건 지금 때문이 아니라,
그때 그 장면이 아직 끝나지 않았기 때문이다.
감정은 끝내지 못한 이야기다.
어릴 적 혼났던 기억,
버려졌던 순간,
사랑받지 못한 느낌,

도움이 없던 공포.
그때 울 수 없었고,
그때 말할 수 없었고,
그때 누구도 들어주지 않았다.
그래서 그 감정은 남았다.
제대로 느끼지도, 표현하지도 못한 채
내 안에 멈춘 채로 지금까지 살아 있었다.
그리고 어떤 계기를 만나면
그 감정은 마치 '지금'처럼 살아나서
몸을 떨게 하고, 마음을 흔들고, 눈을 돌리게 만든다.

감정은 내 안에 살고 있는 과거다.
감정은 시간을 가리지 않는다.
5년 전 기억도, 20년 전 상처도
지금 이 순간처럼 올라온다.
그게 감정의 힘이고, 동시에 고통이다.
기억된 감정은 생각처럼 구체적이지 않다.
그건 몸의 기억이고, 반응의 기억이다.
"왜 이 말에 내가 이렇게까지 아프지?"
"왜 이 사람만 보면 내가 위축되지?"
그 질문들에 답하려면

그 감정이 처음 시작된 곳으로 돌아가야 한다.
그 감정은 '지금 상황'이 아니라
'옛 기억의 재생'일 가능성이 크다.

감정은 말을 못 하니까, 몸과 반응으로 말한다.
그래서 감정은 늘 삐뚤게 전해진다.
왜곡되고, 지나치고, 급작스럽다.
그래서 타인은 날 오해하고,
나도 스스로를 의심하게 된다.
하지만 잘못된 건 감정이 아니라,
그 감정을 말할 기회를 갖지 못했던 과거다.
그 감정을 표현하지 못한 시간들이
감정을 이상하게, 서툴게, 왜곡되게 만들었다.

감정은 단지 '기분'이 아니다.
감정은 내가 꺼내지 못한 이야기다.
감정은 기억된 고통이
다시 한 번 자신을 들어달라고
조용히, 그러나 강하게 문을 두드리는 방식이다.
다음에 누군가가 나에게 이렇게 물을 때,
"왜 그렇게까지 화를 내?"

"왜 그 말에 그렇게 예민해?"
그때 이렇게 말해도 좋다.
"그건 지금 일이 아니라, 예전의 나 때문이야."
그리고 그 말을
가장 먼저 들어야 할 사람은
타인이 아니라, 나 자신이다.

'난 괜찮아'라는 거짓말
감정을 누르는 건 미덕이 아니다

"난 괜찮아."

"이 정도쯤이야."

"다들 이렇게 참으면서 살잖아."

그 말에 얼마나 많은 감정이 눌려 있었는지

당신은 알고 있었을까.

우리는 너무 오랫동안 '감정을 참는 게 성숙'이라고 배워왔다.

화내지 말고, 울지 말고, 징징대지 말고.

늘 침착하고 이성적이고 단단한 사람이 되라고.

그래서 우리는 그렇게 굳어졌다.

슬퍼도 웃고, 힘들어도 일하고, 무너져도 멀쩡한 척했다.

"감정을 다스려야 해"라는 말 아래,

우리는 살아있는 인간이기를 멈추었다.

감정을 누르는 건 미덕이 아니라, 자학이다.

감정을 표현하지 못하게 만든 건

내 인격이 아니라, 내 환경이었다.
"화내면 싫어할까 봐",
"울면 약해 보일까 봐",
"슬프다고 하면 민폐일까 봐."
그렇게 누르고, 누르고, 누르다 보니
어느 순간 감정이 안에서 곪고 있었다.
그리고 그 곪은 감정은
삶의 어느 구석에서
관계 파괴, 무기력, 갑작스러운 폭발, 우울이라는 얼굴로
다시 나에게 돌아왔다.

감정을 참는 건, 관계를 위한 게 아니라 생존을 위한 거였다.
어릴 때부터 우리는 눈치를 봤다.
엄마 기분, 아빠 눈빛, 선생님 표정.
감정은 말해봤자 받아들여지지 않을 거라는 걸
너무 일찍 알아버렸다.
그래서 선택했다.
말하지 않기를.
느끼지 않기를.
표현하지 않기를.
그리고 그 침묵의 반복이

지금의 '괜찮은 사람'이라는 가면을 만들었다.
하지만 정작 나는 어땠을까?
그 가면 안에서 얼마나 외롭고, 억울하고, 고통스러웠을까?

괜찮은 척을 너무 오래 하면, 괜찮지 않게 된다.
감정은 억누를수록 몸으로 옮겨간다.
심장은 빨라지고, 속은 울렁이고, 입은 굳는다.
말은 "괜찮아"인데, 몸은 "아니야"라고 소리친다.
그게 바로,
'나는 괜찮아'라는 거짓말의 부작용이다.
너무 오래 거짓말을 해왔기 때문에
이제는 스스로도 진짜 감정을 구분하기 어려워졌다.
그냥 습관적으로 견디고 있는 것뿐이다.
반응하지 못하는 인간으로 굳어져 가는 중이다.

감정을 말하는 건 약함이 아니라 용기다.
당신이 "힘들다"라고 말할 때,
"지금 너무 서럽다"라고 말할 때,
그건 '무너지는 것'이 아니라 '살아 있는 것'이다.
감정을 표현할 줄 아는 사람은
사랑할 줄도 알고, 회복할 줄도 안다.

표현은 연결이고, 억압은 단절이다.
우리가 외로웠던 이유는
누군가에게 진짜 감정을 보여줄 수 없었기 때문이다.
이제는 괜찮은 척 하지 않아도 된다.
누구에게도 강한 사람일 필요 없다.
'참는 사람'이 아니라
'느끼는 사람'으로 살아도 괜찮다.
감정을 누르는 건 미덕이 아니다.
감정을 느끼는 게 인간이고,
감정을 말하는 게 회복의 시작이다.

무표정한 얼굴 뒤에 있는 자학의 구조

그 사람, 아무 표정이 없었다.
화를 내지도 않고, 웃지도 않고, 슬퍼하지도 않고.
항상 조용했고, 침착했고, 무덤 같았다.
처음엔 그게 멋있어 보였다.
강해 보였고, 초연해 보였다.
그런데 어느 날, 깨달았다.
그건 강함이 아니라, 고통을 너무 오래 눌러놓은 얼굴이었다.
무표정은 감정이 없는 상태가 아니다.
오히려 감정이 너무 많아서,
표현할 수 없어서,
폭발이 두려워서
얼굴 전체를 '감정 차단막'으로 바꿔버린 상태다.

심리학에서 '감정 억압'은
표정과 말, 행동을 통해 감정을 의도적으로 숨기는 것을 말한다.

이는 사회적 맥락에서 자주 쓰이는 '대응 전략'이지만,
장기적으로는 정서적·신체적 부작용을 낳는다.
특히 정서 억압이 자기비난과 결합될 때,
그 안에는 '자학의 구조'가 숨어 있다.
심하게 굳은 무표정은, 감정에 질식된 얼굴이다.
감정을 말로 표현하지 못할 때
몸과 얼굴이 그걸 대신 억누른다.
표정 근육은 굳고, 눈은 말이 없고,
입꼬리는 움직이지 않는다.
그리고 이 모든 건 말한다.
"나, 아무 감정 없는 사람이야."
그건 사실이 아니다.
그 사람은 감정이 없는 게 아니라,
감정을 드러낼 수 없는 상태에 갇힌 거다.
너무 오래 참고, 너무 많이 삼켜서
이젠 어떻게 말해야 할지도 모르는 상태.

표정을 버린 사람은, 감정을 거부당한 사람이다.
아마 그 사람은 예전에 울어본 적이 있을 것이다.
슬픔을 표현해봤고, 상처를 드러낸 적도 있을 것이다.
하지만 그때 돌아온 건

이해가 아니라 조롱이었고,
공감이 아니라 방치였고,
위로가 아니라 침묵이었다.
그래서 그 사람은 배웠다.
'감정은 표현하는 게 아니구나.'
'보여주면 더 아프기만 하구나.'
그래서 택했다.
아예 감정을 안 보이기로.

무표정한 그는,
감정을 느끼는 자신을 부끄러워했고
약해지는 자신을 싫어했고
감정적으로 보이는 자신을 계속 검열했다.
"나는 왜 이렇게 유약하지?"
"왜 자꾸 이런 말에 상처받지?"
"이런 나, 진짜 찌질하다."
그건 자기혐오였고,
그 자기혐오는 표정 없는 얼굴로 쌓였다.
말을 줄이고, 얼굴을 비우고,
감정을 지우는 방식으로 자신을 처벌했다.
그건 조용한 자학이었다.

무표정은 감정을 숨긴 사람의 갑옷이다.

그건 방어다.

외부의 모든 자극과 상처로부터 자신을 보호하려는 마지막 보호막.

그래서 무표정한 사람은 늘 조용히 관찰하고,

감정을 통제하고,

상대의 반응을 계산한다.

하지만 그 갑옷 안에서는

내가 나를 붙잡지 못해 무너지고 있다.

바깥은 고요한데, 안쪽은 쓰나미다.

그러니 기억해야 한다.

웃지 않는다고 해서 괜찮은 게 아니다.

화내지 않는다고 해서 상처가 없는 게 아니다.

무표정이라고 해서 강한 게 아니다.

어쩌면 그 사람은

나보다 더 자주 울고 있었을지도 모른다.

단지, 안으로만.

아무도 모르게.

표정을 잃은 사람은

감정을 잃은 사람이 아니라,

감정에 버림받은 경험이 있는 사람이다.

그들을 위해 묻자.

그리고 나 자신에게도 묻자.

"나는 언제부터 진심으로 웃는 법을 잊었지?"

"누구 앞에서 나는 감정을 접어야 했지?"

무표정한 얼굴 뒤에는

말로 다 못한 감정들이

아직도 조용히 울고 있다.

모든 감정엔 얼굴이 있다
"나, 이 감정 어디서 배운 거야?"

우리는 감정을 '타고난 것'이라고 생각하지만,
사실 대부분의 감정 반응은 배운 것이다.
기분을 느끼는 방식, 화를 내는 타이밍, 상처를 삼키는 습관—
이 모든 건 자라온 환경과 관계 속에서 형성된다.
나는 오랫동안 내 감정을 '나의 것'이라 믿었다.
화를 잘 내는 것도, 쉽게 불안해지는 것도,
누군가에게 서운하면 바로 거리를 두는 것도
그냥 내 성격이라고 여겼다.
그런데 어느 날,
언니가 한 말이 나를 멈춰 세웠다.
"그 반응, 엄마랑 똑같아."
순간, 머릿속이 하얘졌다.
내가 제일 닮고 싶지 않았던 사람,
그 사람의 감정 습관이 내 안에 자리 잡고 있었다.
심리학에서는 이를 '모델링'이라고 부른다.

아이들은 부모나 가까운 양육자의 행동을 보고,
그들의 감정 처리 방식을 그대로 흡수한다.
말로 가르치지 않아도,
표정 하나, 한숨 한 번,
화를 낼 때의 목소리 높낮이까지 복사해 저장한다.
그래서 우리는 종종,
나도 모르게 '그때 그 표정'을 짓고
'그때 그 말투'를 꺼낸다.
심지어 그 감정의 이유조차 잘 모른 채.
나는 어릴 적, 집안에서 감정을 숨기는 법을 배웠다.
울음은 '약한 애',
화를 내면 '버릇없는 애'가 되는 곳.
그렇게 나는 느낀 것을 바로 꺼내지 않는 게 안전하다고 배웠다.
그리고 그 습관은,
성인이 된 후에도 내 안에서 자동 재생됐다.
친구와의 대화에서, 연인과의 다툼에서, 직장에서의 회의 중에—
마치 오래된 프로그램처럼.

"화를 내면 나쁘다."
"울면 귀찮은 아이가 된다."
"기쁘면 조심해야 한다. 금방 사라질지도 모른다."

그런 식으로 나는 감정을 배웠고,
지금 나의 감정 습관은
그때의 생존 방식이 고스란히 남은 결과다.

가정은 감정의 교과서였다.
하지만 거기엔 정식 수업도, 교과과정도 없었다.

"감정은 말로 내뱉지 않는다."
"감정은 참는 거다."
"감정은 터뜨리면 안 된다."
혹은 반대로
"감정은 위협의 도구가 된다."
나는 배웠고, 그걸 계속 써먹고 있다.
그리고 이제 와서 말한다.
"왜 나는 이렇게 밖에 반응하지 못할까?"
그 이유는 간단하다.
감정을 그렇게 배웠기 때문이다.

모든 감정에는 '배경'이 있다.
화가 쉽게 나는 사람은
억눌린 분노가 아니라,

허락받지 못한 표현의 기억을 갖고 있다.
슬픔에 과하게 무너지는 사람은
제때 안아주지 않은 밤의 기억을 갖고 있다.
질투에 민감한 사람은
비교당하며 자라난 자기 가치의 균열을 갖고 있다.
감정은 단지 자극―반응의 문제가 아니다.
감정은 오래된 기억의 반응이다.
그리고 그 기억은
지금도 무의식 속에서 살아 있다.

"나, 이 감정 어디서 배운 거야?"
이 질문은 단순한 회상이 아니라,
감정을 회복하는 시작이다.
지금 내가 느끼는 감정이
진짜 내 마음인지,
아니면 과거로부터 물려받은 감정 반응인지
그걸 구분할 줄 알게 되면
감정은 날 덜 괴롭힌다.
왜냐하면, 나는 더 이상
누군가의 감정을 살아내는 인형이 아니라
내 감정을 '선택'하는 주체가 될 수 있기 때문이다.

이제는 물어야 한다.

> - 나는 감정을 어떻게 배웠는가?
> - 내게 허용되지 않았던 감정은 무엇이었는가?
> - 내 감정 표현은 누군가를 흉내 내고 있진 않은가?

감정엔 얼굴이 있다.
그 얼굴이 엄마일 수도 있고, 아빠일 수도 있고,
어릴 적 상처 준 선생님, 비교의 대상이던 친구일 수도 있다.
하지만 이 책에서, 이 장면에서
그 얼굴을 천천히 벗기기 시작할 수 있다.
그리고 드디어
'감정을 흉내 내던 나'에서
'감정을 살아내는 나'로 바뀌는 첫걸음이 시작된다.

엄마의 수치심, 아빠의 무기력, 나의 감정도 누군가의 유산이다

넌 진심으로 네 감정이
'네 것'이라고 생각해?
쉽게 수치심에 빠지는 이유,
사소한 일에도 자꾸 무력해지는 이유,
누군가의 눈치를 과하게 보는 이유.
어쩌면 그 감정들은
처음부터 내 것이 아니었을지도 모른다.
그건 누군가의 감정이었고,
그 감정은 말도 없이 나에게 '물려진' 것이다.

감정도 유산이다.
사람들은 물건, 재산, 이름, 성격은 유산이라고 믿으면서
감정도 유산이라는 사실은 거의 말하지 않는다.
하지만 감정은 더 깊고 더 무섭게 물려진다.
엄마가 평생 숨겼던 수치심,
아빠가 입버릇처럼 중얼대던 "나는 안 돼"라는 말,

그건 어느 날부턴가 나의 내면 대사가 된다.
"나는 왜 이런 사소한 일에도 죄책감이 들까?"
"나는 왜 누군가 날 미워할까 봐 걱정할까?"
"나는 왜 아무 일도 안 했는데 이미 지쳐 있을까?"
그 질문에 대한 대답은 이렇게 시작된다.
"그건 네가 처음 만든 감정이 아니라, 네가 배운 감정이니까."

엄마의 수치심은 나에게 '감정 금기'로 내려왔다.
엄마는 늘 조심스러웠다.
남의 시선을 신경 썼고,
자기 말보다 타인의 기대에 반응했다.
감정은 늘 정리되어야 했고, 예의 바르게 조절되어야 했다.
나는 그런 엄마를 보며 배웠다.
'내 감정은 불편한 것', '남에게 보이면 안 되는 것',
'티내면 안 되는 것', '조용히 참아야 하는 것'이라고.
그렇게 나는 '자기 검열'을 습관으로 삼았다.
그리고 그 수치심은 이제 엄마의 것이 아니라
나의 일부처럼 작동한다.

아빠의 무기력은 나에게 '포기 습관'으로 내려왔다.
아빠는 늘 무언가를 참고 있었고,

지쳐 있었고, 말이 없었다.

언제부턴가 그는 "어쩔 수 없지", "사는 게 다 그래" 같은 말을 입에 달고 살았다.

나는 그런 아빠를 보며 배웠다.

"노력해봤자 안 된다",

"기대하면 실망만 크다",

"나서는 순간 상처받는다."

그렇게 나는 시도하지 않게 되었고,

애쓰지 않게 되었고,

살아 있으되 멈춰 있는 사람이 되었다.

그 무기력은 이제 아빠의 것이 아니라

나의 감정 습관이 되어 있다.

그들은 나에게 감정을 물려주려고 한 게 아니었다.

그들도 그저 자기 감정을

어떻게 다뤄야 하는지 몰랐을 뿐이다.

말하지 못했고, 들은 적도 없었고,

치유받을 기회가 없었다.

그래서 그 감정은 처리되지 않은 채

다음 세대로 넘어온다.

의도 없이, 말 없이, 방법 없이.

그리고 나는 어느 날 갑자기
'설명할 수 없는 감정들'에 사로잡히게 된다.

감정은 내가 물려받은 것이지만,
그걸 끝낼 수 있는 사람도 나다.
감정을 되물려받는 건 나의 책임이 아니다.
하지만 그 감정에 눈을 뜨고
그 고리를 끊을 수 있는 사람은 바로 나다.
수치심을 느끼는 순간,
무기력에 빠지는 순간,
스스로에게 물어야 한다.
"이 감정, 정말 내 거 맞아?"
"이건 내가 지금 느끼고 있는 감정일까,
아니면 누군가가 오래전부터 느껴온 감정이 내 안에 남은 걸까?"
나는 감정을 물려받았지만,
그 감정을 다르게 끝낼 수 있다.
반복될 줄 알았던 슬픔을 멈출 수 있다.
나는 여전히 무기력한 아버지를 사랑하면서도
'나는 다르게 살아보겠다'고 말할 수 있다.
감정도 유산이라면,
이제는 내가 새로운 감정 유산의 시작이 되어야 한다.

워크북

1. 말은 속일 수 있지만, 몸은 진실을 말한다.
   내가 "괜찮아"라고 말할 때, 몸이 보낸 신호를 무시하면
   감정은 더 깊이 갇힌다.

   ....

   - 오늘 하루 중, "괜찮아" 또는 "화 안 났어"라고 말한 순간이 있었나?
   - 그 말을 하기 전, 내 몸이 먼저 반응한 순간이 있었나?
   - 몸의 반응(호흡, 심장 박동, 근육 긴장, 체온 변화)을 자세히 적어보자.
   - 그 순간 내가 정말 하고 싶었던 말은 무엇이었나?
   - 왜 그 말을 하지 않았나?
     (예: 거절당할까 봐, 분위기를 깨고 싶지 않아서)

오늘 하루 중 1분 동안, 내가 참았던 감정을 떠올리고 손에
힘을 주어 꽉 쥐었다가 천천히 풀어본다.
몸이 주는 신호를 다시 느껴본다.

2. 감정의 진짜 출처 찾기
현재의 감정이 항상 '지금'에서 온 것은 아니다. 종종 오래된
기억이 덧씌워진 반응이다.

....

- 최근에 과하게 화가 났거나, 예상보다 깊이 슬펐던 경험이 있는가?
- 그 감정이 떠오른 계기를 구체적으로 적어보자.

- 과거에 비슷한 장면을 경험한 적이 있는가?
- 그때의 감정과 지금의 감정이 닮았나?
- 그 과거 장면에서 표현하지 못한 말이나 행동은 무엇인가?
- 그 감정을 지금 다시 마주한다면, 어떻게 표현하고 싶나?

과거의 나에게 편지를 쓰듯, 그때의 감정을 지금의 내가
다독이는 문장을 적어보자.

_____

_____

_____

3. 감정 억압 패턴 탐색

감정을 억누르는 습관은 생존 전략이었을 수 있지만,
장기적으로는 관계와 건강을 해친다.

- 나는 어떤 감정을 가장 자주 숨기나? (예: 분노, 슬픔, 질투, 두려움)
- 그 감정을 숨기게 된 계기는 무엇인가?
- 어릴 적 그 감정을 표현했을 때, 주변 반응은 어땠나?
- 감정을 참음으로써 얻은 단기적인 이익은 무엇인가?
- 장기적으로는 어떤 손해를 보았나? (관계 단절, 무기력, 건강 문제 등)
- 지금 그 감정을 안전하게 표현할 수 있는 방법은 무엇이 있는가?

오늘 하루 중 억누른 감정을 하나 골라, 안전한 공간에서 소리 내어 말해보거나 종이에 그대로 써보자.

_____

_____

4. 감정의 '모델링' 확인하기

우리가 감정을 표현하는 방식은 대부분 가족이나 가까운 사람의 영향을 받는다.

....

- 내 감정 표현 방식이 가족 중 누구와 가장 닮았나?
- 그 사람은 감정을 어떻게 다뤘나? (참았다, 폭발했다, 무시했다 등)
- 그 방식이 나에게서 어떻게 나타나는가?
- 내가 닮고 싶지 않았는데도 따라 하게 된 감정 습관은 무엇인가?
- 이 습관이 내 대인관계나 선택에 어떤 영향을 주고 있나?
- 내가 스스로 만들고 싶은 새로운 감정 표현 방식은 무엇인가?

오늘 하루 중 감정이 올라왔을 때, '이건 내 방식인가? 아니면 배운 방식인가?'를 속으로 물어보고 기록하자.

_____

_____

_____

5. 감정 유산 점검

감정도 세대 간에 무의식적으로 물려진다. 이 흐름을
알아차리는 것이 고리를 끊는 첫걸음이다.

- 내가 자주 느끼는 감정 중, 처음부터 내 것이 아니라고 느껴지는 것은 무엇인가?
- 그 감정을 처음 목격하거나 배운 순간은 언제였나?
- 그때 어떤 표정, 말투, 상황이 기억에 남았나?
- 이 감정이 내 삶에서 반복적으로 나타난 순간을 적어보자.
- 이 감정을 나의 세대에서 끝내기 위해 어떤 선택을 할 수 있나?
- 그 선택을 위해 필요한 자원이나 도움은 무엇인가?

내가 이어받았다고 느끼는 감정을 떠올리고, "이 감정은
여기서 끝난다"라는 선언문을 손으로 적어보자.

_____

_____

_____

_____

_____

_____

2부
나를 조용히 무너뜨린 감정들

그림자 감정

그림자 감정은 융 심리학에서 말하는 '그림자' 개념에서 출발한다. 융에 따르면 그림자는 우리가 의식적으로 받아들이기 어려워 무의식 깊숙이 밀어 넣은 성격의 일부다. 여기에는 도덕적으로 부정적이라고 여겨 숨기는 성향 뿐 아니라, 인정받지 못해 빛을 보지 못한 긍정적 가능성까지 포함된다.

이 개념을 감정에 적용하면, 그림자 감정이란 의식적으로는 부정하거나 회피하지만 무의식 속에 여전히 강한 에너지를 가진 감정을 의미한다. 어린 시절부터 "화를 내면 나쁜 사람이다", "남자는 울면 안 된다", "질투하면 속 좁아 보인다" 같은 사회적 규범은 우리로 하여금 특정 감정을 억누르게 만든다. 여기에 개인적 경험, 특히 상처나 트라우마가 더해지면 그 감정은 더욱 깊숙이 묻히게 된다. 또, "나는 착한 사람" 등 자기 이미지에 맞지 않는 감정은 인정하는 순간 자기 부정이 될 수 있기에, 우리는 무의식 속으로 몰아넣는 방식을 선택한다.

하지만 무의식 속에 감춘다고 해서 감정이 사라지는 것은 아니다. 오히려 그림자 감정은 더 강렬하고 왜곡된 방식으로 튀어나온다. 무심한 척하면서도 사소한 일에 폭발하거나, 질투를 인정하지 않으면서 타인을 은근히 깎아내리거나, 두려움을 부정하다가 무모한 도전을 반복하는 식으로. 심리학 연구에 따르면, 억압된 감정은 심신의 건강에 악영향을 주고, 신체 증상이나 만성 피로, 설명하기 어려운 통증으로 나타나기도 한다. 베셀 반 데어 콜크가 『몸은 기억한다, 을유출판사』에서 말했듯, 몸은 우리가 잊으려는 감정까지도 기억하고 있다.

그림자 감정을 통합한다는 것은 억눌린 감정을 의식의 영역으로 불러내고, 안전한 환경에서 느끼고 표현하며, 그것을 나의 일부로 수용하는 과정을 말한다. 이것은 융이 말한 '개성화 과정'의 핵심 단계이자, 현대 심리치료―특히 심리역동, 트라우마 치료, 감정중심치료―에서 중요한 주제다. 그림자 감정은 없애야 할 것이 아니라, 이해하고 포용해야 할 나의 또 다른 얼굴인 것이다.

질투: 그 사람이 잘되는 게 싫었다
그 사람을 미워한 게 아니라, 나 자신이 싫었던 거야

처음엔 그냥 부러움이었다.

그는 당당했고, 잘나갔다.

아무 말 안 해도 사람들이 그를 중심에 놓았고,

그는 쉽게 웃고, 쉽게 사랑받았다.

나는 그게 싫었다.

아니,

정확히 말하자면

그런 '나 아닌 모습'이 부러웠고, 견딜 수 없었다.

질투는 그렇게 시작된다.

타인을 향한 감정처럼 보이지만

사실은 나를 향한 자기혐오의 다른 얼굴이다.

질투는 거울이다.

질투는 타인을 미워하는 게 아니다.

질투는 그 사람을 통해

'내가 되고 싶었던 나'를 본 순간 생긴다.
질투는 "그 사람이 싫어"라는 문장이 아니라,
사실은 이렇게 번역된다.
"왜 나는 저렇게 살지 못할까."
"왜 나는 저만큼 인정받지 못할까."
"왜 나는 저 자리에 없을까."
질투는 상대가 아니라
지금의 나를 정면으로 마주했을 때 드러나는 고통이다.
질투는 내가 나를 향해 던진 비난이고,
내가 나를 미워하면서 하는 투정이다.

질투는 욕망을 가진 자만이 느낀다.
무관심한 사람은 질투하지 않는다.
욕망이 없는 사람도 질투하지 않는다.
질투는 사실,
내 안에 살아 있는 갈망이 있다는 증거다.
나는 더 사랑받고 싶고,
더 돋보이고 싶고,
더 멋지게 인정받고 싶다.
하지만 나는 그걸 말하지 못했다.
그걸 말하면 추하게 보일까 봐,

욕심 많은 사람처럼 보일까 봐
입을 다물었다.
그래서 그 욕망은
'질투'라는 왜곡된 감정으로 돌출됐다.
질투는 욕망이 제대로 말해지지 못했을 때 생기는 언어다.

질투는 가장 비밀스러운 슬픔이다.
질투는 겉으로 드러나지 않는다.
겉으로는 조용하고, 아무렇지 않고, 심지어 칭찬도 한다.
"와, 진짜 잘됐다."
"너 요즘 너무 예뻐졌다."
"완전 잘 나간다, 부럽다 진짜."
하지만 그 말들 사이에 숨어 있는 건
감탄이 아니라 무력감,
칭찬이 아니라 작아진 나,
웃음 뒤에 숨은 도망치고 싶은 마음이다.
질투는 사랑이 없어서가 아니라,
자존감이 상처받았을 때 생기는 감정이다.
질투는 "나도 저만큼 되고 싶어"라는 외침이고,
"근데 나는 아닌 것 같아…"라는 체념이 함께 담겨 있다.
그러니 이제는 인정해야 한다.

그 사람을 미워한 게 아니라, 나 자신이 싫었던 거야.
나는 나의 초라함을 그 사람을 통해 본 거야.
나는 나의 억눌린 욕망을 그 사람의 성공 위에 투사한 거야.
질투는 감정 중 가장 똑똑한 감정이다.
가장 정확하게 내 결핍을 찔러오고,
가장 민감하게 내가 되고 싶은 모습을 집어낸다.
질투는 나의 열등감이 아니라
나의 가능성이 아직 살아 있다는 증거다.
나도 되고 싶었던 거다.
다만, 너무 오랫동안 자신을 포기한 채 살아온 거다.

이제는 물어야 한다.
"나는 왜 그 사람을 질투했지?"
"내가 부러운 건, 진짜 그 사람이야? 아니면 내가 되고 싶었던 나야?"
"내 욕망은 언제부터 억눌려 있었지?"
질투는 외면하면 독이 되고,
직면하면 통로가 된다.
그 사람을 향해 칼끝을 겨누는 대신
그 칼끝을 부드럽게 나에게 돌려보자.
날 찌르기 위함이 아니라,
내 안의 욕망을 꺼내기 위해.

내 안의 목소리를 드디어 듣기 위해.
그리고 이렇게 말하자.
"그래, 나도 되고 싶었다.
이제부터는 나를 미워하지 않고,
그 욕망을 살아보기로 한다."

질투는 가장 정직한 욕망의 언어

질투는 감정 중에서
가장 부끄럽고, 가장 숨기고 싶은 감정이다.
누군가의 잘됨이 꼴 보기 싫고,
칭찬받는 그 사람을 보고 속이 뒤틀리고,
심지어 "진짜 축하해"라는 말이 입에서 나올 때
마음속에선 이렇게 중얼댄다.
"왜 하필 쟤야?"
그 순간, 우리는 너무 인간적이다.
너무 정직하게 나다워진다.
그래서 질투는 가장 솔직한 감정이다.
그 어떤 감정보다 명확하게
"너, 그거 원하고 있었잖아."
라고 말해주는 신호다.

질투는 '결핍을 자각한 욕망'이다.

누군가를 질투한다는 건,

그 사람이 가진 무언가가

나에게도 있어야 한다고 느끼기 때문이다.

질투는 이렇게 말한다.

"너도 그만큼 사랑받고 싶잖아."

"너도 저 자리에 오르고 싶잖아."

"너도 인정받고 싶고, 드러나고 싶잖아."

그 감정은 추한 게 아니라,

너무 오래 묻어둔 나의 갈망이다.

질투는 "사실 나도 저걸 원해"라는 내면의 목소리다.

욕망을 감추는 삶은 질투로 터진다.

나는 착한 사람이 되고 싶어서

욕망을 숨겼다.

욕심내지 않았고, 질서에 순응했고,

조용히 양보하고, 참고, 물러섰다.

그리고 그 빈자리에 질투가 피어났다.

욕망이 말해지지 못한 자리에

질투가 대신 말하고 있었다.

"나는 아직 원하는 게 있어."

"나는 아직 끝난 사람이 아니야."

질투는 내 안의 욕망이
다시 한 번 살아나고 있다는 증거다.

질투는 부끄러워할 감정이 아니다.
그건 오히려, 가장 인간적인 진실이다.
나는 그 사람을 미워한 게 아니다.
나는 그 사람을 통해
'나도 그렇게 되고 싶었던 마음'을 본 것이다.
그래서 질투는 비교가 아니라,
숨겨진 자기표현이다.
질투는 말하지 않은 욕망의 언어이며,
질투는 결국 이렇게 말한다.
"나, 아직 포기하지 않았어."
"나도 저렇게 살고 싶어."

질투는 욕망을 찾아가는 가장 솔직한 길이다.
질투는 타인을 무너뜨리기 위한 무기가 아니라,
나를 일으켜 세우기 위한 신호다.
그 감정을 통해, 나는 드디어 묻기 시작한다.
"나는 뭘 그렇게 갖고 싶었던 거지?"
"나는 어디서 멈춰섰던 거지?"

"나는 왜 지금의 나로 만족하지 못했던 거지?"
그 질문에 답하는 순간,
질투는 나를 찌르는 칼이 아니라
나를 이끄는 나침반이 된다.

질투는 나를 망치러 온 감정이 아니다.
나를 구하러 온 감정이다.
그러니 이제는 말하자.
"그래, 나도 원해.
그러니 이제는 미워하지 않고,
나의 욕망을 나답게 살아보기로 한다."

워크북

1. 질투와 마주하기
질투는 '나쁜 감정'이 아니라, 내 안의 욕구·두려움·자존감 상태를 비추는 거울이다.

- 최근에 누군가를 부러워하거나 질투한 순간이 있었나?
- 그때 구체적으로 어떤 상황이었나?
- 그 사람의 어떤 점이 가장 먼저 눈에 들어왔나?
- 그 순간 내 마음속 첫 번째 반응은 무엇이었나?
- 그 감정을 느낄 때, 내 몸은 어떻게 반응했나?
  (심장, 호흡, 근육, 표정 등)
- 그 상황에서 하고 싶었지만 하지 못한 말이나 행동이 있었나?
- 그 감정을 다른 사람에게 털어놓을 수 있었나, 아니면 숨겼나?

2. 질투 속 숨은 결핍 찾기
질투는 내가 '갖고 싶지만 없는 것'을 알려준다.

- 내가 질투한 대상이 가진 것 중, 내 삶에서 부족하다고 느끼는 것은 무엇인가?
- 그 부족함을 채워본 적이 있나? 어떤 방식이었나?
- 그 부족함이 처음 생긴 때를 떠올려보자. 그때 나는 몇 살이었나?
- 그 부족함을 느끼게 만든 사람이나 사건은 무엇이었나?

- 그 부족함을 부끄럽게 느낀 적이 있나?
- 그 결핍이 내 삶의 어떤 선택에 영향을 주었나?
- 지금 그 결핍이 여전히 중요한가? 아니면 의미가 변했나?

3. 질투를 건강하게 다루는 방식

질투는 억누르면 독이 되고, 인정하면 성장의 연료가 된다.

- 나는 평소 질투를 어떻게 처리하나? (무시, 비난, 경쟁, 동기부여 등)
- 그 방식이 내 관계에 어떤 영향을 주었나?
- 그 방식이 내 자기평가에 어떤 영향을 주었나?
- 과거에 질투를 잘 다뤘던 경험이 있나? 그때 어떤 방법이 효과적이었나?
- 질투를 느낄 때, 스스로를 지키는 말이나 행동은 무엇인가?
- 질투를 느낀 뒤에 오히려 관계가 좋아진 적이 있나?
- 질투를 생산적으로 바꾸려면, 내가 바꿔야 할 생각 습관은 무엇인가?

4. 질투 뒤의 자기 미움 다루기

많은 경우, 우리는 질투의 대상보다 '그 순간의 나 자신'을 더 미워한다.

- 질투할 때, 나 자신에게 어떤 말을 하나?
- 그 말이 사실이라고 믿나?
- 그 말이 생겨난 배경에는 어떤 경험이 있었나?

- 그 믿음이 나를 보호했을 때가 있었나?
- 지금은 그 믿음이 나를 어떻게 제한하나?
- 나를 깎아내리는 말 대신, 어떤 말을 건네줄 수 있나?
- 그 말을 '질투하는 나'에게 매일 해준다면 어떤 변화가 생길까?

5. 질투를 행동 에너지로 전환하기
질투는 방향만 바꾸면 강력한 추진력이다.

- 내가 부러워한 것을 현실에서 조금이라도 가져올 수 있는 방법은 무엇인가?
- 그 첫걸음을 내일 당장 시작한다면, 무엇을 할 수 있나?
- 그 과정에서 필요한 자원(시간, 사람, 돈, 기술)은 무엇인가?
- 그 자원을 어떻게 확보할 수 있나?
- 질투를 동기로 삼아 이루고 싶은 단기 목표는 무엇인가?
- 그 목표를 이루었을 때, 나의 감정은 어떻게 변할까?
- 이 감정을 다음에도 성장의 연료로 쓰기 위해 무엇을 기록해둘 것인가?

수치심: 사람들 앞에선 괜찮은 척했어
내가 틀렸다는 감각이 내 피부에 새겨져 있다

그냥 창피한 게 아니었다.
그건 더 깊고, 더 오래가고, 더 뿌리박힌 감정이었다.
사람들 앞에서 실수했을 때,
내 말에 정적이 흘렀을 때,
누군가가 나를 조용히 무시했을 때―
나는 순간적으로 "아, 내가 잘못됐구나"라는 감각에 빠져들었다.
그건 단순한 당황이 아니었다.
그건 존재 자체가 틀렸다고 느끼는 감각이었다.
수치심은 그렇게 작동한다.
행동 하나, 말 한마디, 시선 하나로도
그 사람의 존재 전체를 무너뜨린다.

수치심은 '나는 틀렸다'는 감정이다.
아니, 더 정확히 말하면 '나는 틀린 존재다'라는 감정이다.
수치심은 실수나 잘못 때문이 아니라

그저 '내가 그런 사람이라는 것 자체' 때문에 생긴다.
"그때 왜 그 말을 했지?"
"내가 너무 튀었나?"
"나 때문에 분위기 이상해졌어."
이런 생각들이 머리를 맴돌고,
이마는 식은땀으로 젖고,
가슴은 조이듯 움츠러든다.
수치심은 말이 없다.
하지만 몸에 먼저 새겨진다.

나는 잘못된 존재라는 믿음은 아주 어릴 때 생긴다.
"그런 말 하지 마."
"너는 왜 그렇게 이상해?"
"사람들이 너 보면 뭐라 그러겠니?"
이런 말을 반복해서 들으며 자라면,
아이는 자신의 행동이 아니라 '존재 자체'가 문제라는 느낌을 갖게
된다.
그 감각은 피부에 새겨진다.
표정, 톤, 목소리, 말투 하나하나가
세상의 기준에 맞는지, 혹은 다시 상처받을지
늘 계산하게 만든다.

그리고 어느 순간부터,

그 아이는 말하지 않고, 웃지 않고, 드러나지 않는 사람이 된다.

안전한 사람은 보이지 않는 사람이라고 믿게 되는 것이다.

수치심은 '나로 존재하는 것'에 대한 거부감이다.

수치심이 깊은 사람은

늘 자기를 감춘다.

"밝은 사람처럼 보이고 싶다."

"능력 있는 사람처럼 보여야 한다."

"절대 모자란 사람으로 보이면 안 된다."

그래서 그는 감정을 조정하고,

자세를 다듬고,

행동을 편집하며 산다.

문제는 그게 버릇이 되고,

이제는 자기도 모르게

'자기 자신을 숨기는 삶'을 당연하게 여긴다는 것이다.

나답게 말하고, 나답게 행동하고, 나답게 존재하는 것이

어느새 가장 두려운 일이 되어버린다.

수치심이 만든 말버릇이 있다.

"제가 뭘…"

"죄송해요, 제가 괜히…"
"괜찮아요, 저는 빠져도 돼요."
"제가 너무 예민했죠?"
이런 말들 속엔
'나는 불편한 존재', '나는 민폐',
'나는 빠지는 게 맞아'라는 존재 거절의 언어가 숨어 있다.
그리고 그 말들이 반복될수록
그 사람은 자기 자신에게도 이렇게 말하게 된다.
"넌 안 돼. 넌 빠져. 넌 틀렸어."

수치심은 조용한 학대다.
그리고 가장 먼저 학대한 건, 나 자신이었다.
나는 나를 감추고,
나를 깎고,
나를 자꾸 무대 밖으로 밀어냈다.
왜냐하면, 나는 틀렸다고 믿었기 때문이다.
하지만 이젠 물어야 한다.
"나는 언제부터 나를 민망해했지?"
"그 감정은 내 잘못이었나? 아니면 누군가의 말이었나?"
"정말 나는 그렇게까지 '틀린 사람'이었을까?"
수치심은 쉽게 사라지지 않는다.

그건 살갗처럼 덮이고,
오랜 시간 침묵으로 굳는다.
하지만 그 감정에도 입을 줄 수 있다.
그 감정에도 이야기가 있다.
그 감정은 말하고 싶어 한다.
"나는 나대로 괜찮은 사람이라고,
한 번쯤 누가 말해줬으면 좋겠어."
이제 그 말을
내가 나에게 해줄 차례다.

"부끄러워"는 "살고 싶어"라는 또 다른 신호

"부끄러워"라는 말은 겉으로는 조용하고, 작고, 위축돼 보이지만
그 속에는 아주 강한 감정이 들어 있다.
그 감정은 단순한 수줍음이나 민망함이 아니다.
그건 말하자면 이런 속뜻이다.
"나 아직도 여기 있어. 나 아직도 사랑받고 싶어. 나 버려지기 싫어."
수치심은 결국, 살아남고 싶다는 감정이다.
완전히 무너지고 싶지 않아서,
그래도 누군가와 연결되고 싶어서,
그래도 버림받고 싶지 않아서
우리는 "부끄러워"라는 말로 스스로를 작게 만든다.

수치심은 존재의 가장 바닥에서 올라오는 감정이다.
그건 화려하지도, 극적이지도 않다.
아주 미세한 표정, 눈동자의 흔들림,
작아진 목소리, 말끝 흐리기 같은 형태로 나타난다.

하지만 그 감정은 말하고 있다.
"제발 나를 받아줘."
"나 너무 나로 있는 게 무서워."
"나, 틀린 사람 아니라고 말해줘."
이런 감정을 느낄 수 있다는 건,
사실은 아직도 소속되고 싶고, 연결되고 싶고, 살아가고 싶은 마음이
있다는 뜻이다.
완전히 무너진 사람은 수치심조차 느끼지 않는다.
그 감정을 느끼는 나는 아직도 살고 싶어하는 중이다.

'부끄러움'이라는 감정은 관계 속에서만 생긴다.
아무도 없을 때 우리는 부끄러움을 느끼지 않는다.
누군가의 시선이 있을 때,
누군가의 반응이 예상될 때,
우리는 갑자기 작아진다.
"이 말 해도 될까?"
"내가 너무 오버한 걸까?"
"지금 나 너무 웃긴가?"
"혹시 나 이상하게 보일까?"
이 모든 생각은 사실,
'관계가 끊어질까 봐' 드는 두려움이다.

우리는 너무도 연결되고 싶어서,
수치심이라는 방식으로 몸을 움츠린다.
수치심은 그래서 관계를 유지하고 싶은 사람들의 감정이다.
"나를 너무 멀리 보내지 말아줘."
수치심은 그렇게 조용히 말하고 있다.

"부끄러워"라는 말 속에는,
아직 끝내지 않은 소망이 숨어 있다.
그래서 그 감정은 제거해야 할 대상이 아니라,
경청해야 할 목소리다.
수치심은 나를 망가뜨리려는 게 아니다.
나를 지키고, 나를 살아 있게 하려는
내 안의 가장 오래된 생존 본능이다.

그러니 이렇게 말해도 된다.
"그래, 나 지금 부끄러워.
근데 이 말은, 나 아직 괜찮아지고 싶은 사람이란 뜻이야.
아직 나, 포기하지 않았다는 뜻이야."
수치심은 살아 있는 감정이다.
그리고 그 감정을 느낄 수 있는 나는
충분히 회복될 수 있는 사람이다.

워크북

1. 수치심과 마주하기
수치심은 '내 존재 자체에 결함이 있다'는 믿음을 심어주는 강력한 감정이다.

- 최근에 수치심을 느낀 순간은 언제인가?
- 그때 구체적으로 어떤 상황이었나?
- 그 순간 누가 옆에 있었나?
- 그들의 표정이나 말투가 내 감정에 어떤 영향을 주었나?
- 그때 내 몸은 어떻게 반응했나? (심장, 호흡, 땀, 얼굴 열감 등)
- 그 순간 하고 싶었지만 하지 못한 말이나 행동이 있었나?
- 그때 내 속마음은 뭐라고 말했나?
  ("넌 안 돼", "다들 널 웃기다고 생각해" 등)

2. 수치심 속에 숨은 믿음 찾기
수치심은 '나는 틀렸다'는 오래된 내면의 문장과 연결돼 있다.

- 수치심을 느낄 때, 내 안에서 자동으로 떠오르는 말은 무엇인가?
- 그 말이 사실이라고 믿었던 시절이 있었나?
- 그 믿음은 언제, 누구에게서 배운 건가?
- 그 믿음이 내 행동을 제한한 적이 있나?
- 그 믿음이 내 관계에 미친 영향은 무엇인가?

- 지금 그 믿음이 여전히 나를 지배하고 있나?
- 그 믿음을 부드럽게 깨뜨리는 새로운 문장은 무엇인가?

3. 수치심의 뿌리 추적하기
대부분의 수치심은 과거 경험, 특히 어린 시절의 부끄러움과 연결된다.

- 어린 시절, 부끄러웠던 기억이 하나 떠오르는가?
- 그때 주변 사람들의 반응은 어땠나?
- 그 상황에서 내가 믿게 된 '나에 대한 정의'는 무엇이었나?
- 그 기억이 지금 내 삶에 어떤 패턴을 만들었나?
- 그때의 나를 지금 내가 안아준다면, 어떤 말을 해주고 싶나?
- 그 기억을 다시 쓰기 위해 오늘 할 수 있는 행동은 무엇인가?
- 나를 부끄럽게 만든 그 상황이 사실은 내 잘못이 아니었다는 증거는 무엇인가?

4. 수치심을 숨기는 나의 전략
우리는 수치심을 숨기기 위해 '괜찮은 척'을 무기로 쓴다.

- 나는 수치심을 느낄 때 어떤 '연기'를 하나?
  (웃기, 침묵, 완벽주의, 공격 등)
- 그 연기가 나를 보호한 적이 있나?
- 하지만 그 연기가 나를 고립시킨 적이 있는가?

- '괜찮은 척'을 멈추면 가장 두려운 건 무엇인가?
- 그 두려움이 실제로 일어날 가능성은 얼마나 되나?
- 누군가 내 진짜 모습을 봐줬을 때, 어떤 기분이었나?
- 나를 완전히 받아줄 수 있는 안전한 사람은 누구인가?

5. 수치심과 화해하기

수치심은 '숨겨야 할 감정'이 아니라, '나를 지킬 힘을 가진 신호'다.

- 수치심이 나를 지키려 했던 순간이 있었나?
- 그때 수치심이 보내고 싶었던 메시지는 무엇일까?
- 그 메시지를 다른 방식으로 표현할 수 있다면 어떻게 할까?
- 수치심이 올라올 때, 나를 비난하지 않고 다루는 방법은 무엇인가?
- 수치심을 느끼면서도 내가 소중하다고 느낀 순간은 있었나?
- 수치심이 사라진 나의 모습은 어떤가?
- 앞으로 수치심과 어떻게 동행하고 싶은가?

분노: 누가 나한테 허락 없이 상처냈어
분노는 참을수록 더 폭력적으로 돌아온다

넌 아마 이런 사람이 아니었을까.

화를 잘 안 내는 사람.

참을 줄 아는 사람.

좋게 말하려 애쓰는 사람.

분위기를 깨지 않으려 조용히 물러나는 사람.

그리고 언젠가,

그 모든 인내가 한순간에 무너졌을 거야.

작은 말 한마디, 사소한 무시, 뻔한 오해.

그 한 방울이 넘치자

그동안 눌러왔던 분노가

폭발처럼 쏟아져 나왔을 거야.

그러고 나서 너는 자책했겠지.

"왜 그렇게까지 화를 냈지?"

"내가 이상한 건가?"

아니야.

너는 이상한 게 아니야.
너는 너무 오래 참은 거야.

분노는 억눌렀다고 사라지는 감정이 아니다.
분노는 차곡차곡 쌓인다.
말하지 못한 순간들,
무시당한 기억들,
억울했지만 웃고 넘겼던 날들.
그 모든 것들이 내 안에 겹겹이 쌓여서
말을 삼키는 대신,
표정을 얼어붙게 만들고,
몸을 뻣뻣하게 하고,
결국 어느 날,
터지게 만든다.
분노는 억눌릴수록,
더 무섭고, 더 파괴적인 방식으로 돌아온다.

분노는 단순한 짜증이 아니다.
그건 '내가 지켜지지 않았다'는 신호다.
분노가 올라올 때,
그건 누군가가 나의 경계를 침범했다는 의미다.

무시당했고, 존중받지 못했고,
내 감정을 인정받지 못했다.
그리고 나는 그 순간마다
스스로를 속였다.
"이 정도는 괜찮아."
"그 사람은 원래 그래."
"나만 참으면 되지 뭐."
하지만 감정은 기억하고 있었다.
"아니야, 그건 아니었어.
난 상처받았고, 내가 그걸 무시했어."

화를 못 내는 사람일수록, 결국 더 강하게 터진다.
그동안 '좋은 사람' 코스프레를 해왔던 사람,
항상 참고, 웃고, 양보하던 사람.
그런 사람일수록
감정이 터지는 순간
폭발의 강도는 훨씬 더 세다.
왜냐하면, 그 안에는 한 번의 분노가 아니라
백 번 넘게 억눌린 말들과 상처들이 한꺼번에 몰려오기 때문이다.
그래서 그렇게 무너진다.
한 번에.

예고 없이.
자기도 놀라게.

분노는 파괴하려는 감정이 아니라,
나를 지키려는 감정이다.
분노는 내 감정과 경계를 지키는 마지막 수단이다.
"이 이상은 안 돼."
"여기까지가 나야."
"더는 나를 함부로 하지 마."
그걸 제때 말하지 못했기 때문에
분노는 점점 더 원초적이고 거칠어진다.
그리고 끝내는 나 자신에게조차 상처를 입히게 된다.
(자책, 자기비난, 자기혐오…)
분노는 감정이 아니라, 구조다.
말하지 못한 나의 내면 구조가 무너질 때
분노는 언어 대신 폭력으로 말하게 된다.

그러니 이제는
화를 내도 괜찮다고 말해줘야 한다.
상처받았다고 말해도 된다고,
억울했다고 외쳐도 된다고,

"그건 아니지"라고 선을 그어도 된다고.
분노는 위험한 감정이 아니다.
제대로 다뤄지지 않았을 때만 위험해지는 감정이다.
화가 난다는 건,
내가 아직도 나를 지키고 싶다는 뜻이다.
내 감정이 살아 있다는 뜻이고,
아직도 포기하지 않았다는 증거다.

이제는 말할 수 있어야 한다.
"그때 나, 진짜 화났어."
"그 말, 나 되게 상처였어."
"나는 내 감정을 무시당하고 싶지 않아."
그게 분노를 '폭발'이 아니라 '표현'으로 바꾸는 연습이다.
그게 분노가 나의 칼이 아니라
나의 경계선이 되는 순간이다.

너는 지금까지 몇 번이나 억울하게 침묵했니

화를 낼 만큼 큰 일은 아니라고 생각했어.
괜히 분위기 망치기 싫었고,
내가 예민하다고 보일까 봐,
그냥 참는 게 익숙해졌어.
그래서 말하지 않았다.
서운하다는 말,
상처받았다는 말,
그건 너무 '내 얘기' 같아서
입 밖으로 꺼내기조차 미안했어.
그런데 이상하지?
말하지 않았는데,
마음이 계속 아팠어.
입은 닫혔는데,
가슴은 막혀버렸어.

억울함은 말하지 않으면, 고요한 폭력으로 바뀐다.
처음엔 그냥 넘겼다고 생각했다.
그런데 자꾸 생각났다.
그 장면, 그 말투, 그 무시하는 눈빛.
나만 기억하는 것 같은데,
나는 그 기억 속에 갇혀 있었다.
그리고 어느 순간
그 억울함은 나를 향하기 시작했다.
"내가 너무 예민한가?"
"내가 좀 오버했나?"
"그냥 넘어가지 왜 그랬지?"
억울함은 말하지 못할수록
자기검열이 된다.
그리고 그 침묵은
스스로를 향한 조용한 처벌이 된다.

나는 왜 그때 말하지 못했을까?
정말 '별일 아니어서'?
아니면,
"내가 상처받았다고 말하면
상대가 나를 이상하게 볼까 봐" 두려워서?

혹은
"말해봤자 달라질 게 없을 거야"라는
아주 오래된 포기 때문이었을까?
그럴 수도 있다.
과거에 감정을 말해봤다가
이해받지 못한 기억이 있다면,
사람은 다시는 말하지 않게 된다.
그 침묵은 나의 잘못이 아니다.
그건 방어다. 생존이다.

하지만 문제는, 그 침묵이 쌓여서 지금의 분노가 됐다는 거야.
지금의 나는,
과거의 억울함들을 쌓아놓고 살아가는 중이다.
말하지 않은 감정,
표현하지 못한 분노,
이해받지 못한 억울함.
그게 지금
나를 예민하게 만들고,
나를 피곤하게 만들고,
나를 점점 더 외롭게 만들고 있다.

내가 말하지 않은 순간들을
나는 지금까지 너무 많이 기억하고 있어.
그때 "아니야, 나 상처받았어"라고 말했어야 했는데.
그때 "지금 그 말, 나 되게 불편해"라고 말했어야 했는데.
그때 "나 무시당하는 기분이야"라고 말했어야 했는데.
하지만 대신
나는 웃었고, 넘겼고, 괜찮은 척했다.
그리고
그 모든 '말하지 않은 말'들이
지금의 분노가 되었다.
말하지 못한 억울함은 반드시 분노로 돌아온다.

그러니 이제는 물어야 한다.
"나는 지금까지 몇 번이나 억울하게 침묵했지?"
"나는 언제부터 말하기를 포기했지?"
"내가 지금 느끼는 이 분노는, 어쩌면 그때의 나를 위한 것이 아닐까?"
분노는 현재의 감정이 아니라
과거의 억울함이 쌓여서 생긴 감정이다.
그리고 그 억울함을
이제라도 꺼내주는 사람은
바로 나 자신이어야 한다.

워크북

1. 분노와 첫 만남
분노는 '내 경계가 침범당했다'는 신호다.

- 최근 가장 화가 났던 순간은 언제인가?
- 그때 어떤 말이나 행동이 나를 자극했나?
- 내가 분노를 느낀 이유를 한 문장으로 설명한다면?
- 그 순간 내 안에서 어떤 '부당함'이 울렸나?
- 그때 내 몸은 어떻게 반응했나? (심장 박동, 근육 긴장, 호흡 등)
- 그 순간 하고 싶었지만 못한 말은 무엇인가?
- 그 분노를 그대로 표현했다면 어떤 결과가 나왔을까?

2. 분노 속의 진짜 감정
대부분의 분노 아래에는 두려움, 상처, 수치심 같은 2차 감정이 숨어 있다.

- 그 분노 아래에 사실 더 깊이 느껴졌던 감정은 무엇이었나?
- 그 감정을 드러내기 어려웠던 이유는 무엇인가?
- 분노가 그 감정을 대신 표현해준 적이 있었나?
- 그 감정을 직접 말했을 때, 상대방 반응은 어땠나?
- 그 감정을 숨긴 채 분노로 표현했을 때와 비교해 어떤 차이가 있었나?

- 그 숨은 감정은 언제부터 나와 함께 있었나?
- 그 감정을 안전하게 표현하려면 어떤 환경이 필요한가?

3. 과거의 상처와 연결
현재의 분노는 종종 과거 경험과 연결되어 과장되거나 반복된다.

- 지금 느낀 분노와 비슷한 감정을 예전에 느껴본 적이 있나?
- 그때와 지금의 상황은 어떤 점에서 비슷한가?
- 그 경험이 나의 '민감 버튼'을 만든 건 아닐까?
- 과거에 분노를 표현했을 때 어떤 결과를 경험했나?
- 그 경험이 지금 내 분노 습관을 어떻게 만들었나?
- 과거의 나에게 이 감정을 표현할 허락을 준다면, 어떤 말을 해주고 싶나?
- 과거 사건이 지금 나에게 보내는 메시지는 무엇인가?

나의 '민감 버튼':

_____

_____

_____

_____

4. 분노를 다루는 나만의 패턴

사람마다 분노를 다루는 습관이 있다.

- 나는 분노가 생기면 어떤 방식으로 반응하나? (폭발, 침묵, 회피, 냉소 등)
- 그 방식이 나를 지켜준 적이 있나?
- 그 방식이 나를 더 고립시킨 적은 없나?
- 분노를 표현하는 게 위험하다고 느꼈던 경험이 있나?
- 내가 원하는 분노의 표현 방식은 무엇인가?
- 그 방식을 익히기 위해 지금 할 수 있는 작은 연습은 무엇인가?
- 내가 느끼는 '분노를 잘 다루는 사람'이 있다면, 그 사람의 어떤 점을 배우고 싶나?

5. 경계 회복과 자기 보호

건강한 분노는 경계를 세우고, 자기 존중을 지켜준다.

- 이번 분노가 알려준 '나의 경계'는 무엇이었나?
- 그 경계를 침범당했을 때 나는 어떤 신호를 느끼나?
- 그 경계를 지키기 위해 내가 사용할 수 있는 문장은 무엇인가?
- 경계를 명확히 하면 어떤 장점이 있을까?
- 경계 선언이 어려운 이유는 무엇인가?
- 작은 상황에서 경계 표현을 연습하려면 어떤 방법이 좋을까?
- 앞으로 누군가 내 경계를 침범한다면, 나는 어떻게 대응할 것인가?

6. 분노 이후의 회복

분노를 건강하게 마무리하려면 신체와 감정을 모두
안정시켜야 한다.

- 분노가 사라진 후, 내 몸은 어떤 상태였나?
- 분노를 표현한 후와 억누른 후, 내 감정의 차이는 무엇이었나?
- 분노 이후 나를 안정시키는 데 도움이 되는 활동은 무엇인가?
- 나를 지지해줄 수 있는 사람은 누구인가?
- 이번 분노에서 내가 배운 것은 무엇인가?
- 다음 번 분노에서는 어떤 점을 다르게 하고 싶나?
- 오늘 내가 내 감정을 지켜낸 순간은 언제였나?

불안: 아무 일도 안 일어났는데, 나는 무너졌다
불안은 마음의 미세 진동이다

별일 아니었다.

정말 아무 일도 일어나지 않았다.

근데 이상하게,

숨이 얕아지고,

가슴이 두근거리고,

마음이 땅 밑 어딘가에서부터 벌써 흔들리기 시작했다.

말하자면 이렇다.

아직 무너지지 않았는데, 이미 무너질 것 같은 기분.

아직 시작도 안 했는데, 이미 끝난 것 같은 기분.

그게 바로 '불안'이다.

불안은 감정이라기보다 경보다.

아직 아무 일도 일어나지 않았는데,

'곧' 무너질 것 같은 예감.

불안은 '지금'이 아니라 '미래'를 감각하는 감정이다.

예측할 수 없는 일,
통제할 수 없는 상황,
내가 어떻게 반응할지 모르는 순간이
불안을 불러온다.
불안은 이성적으로 설명되지 않는다.
"별일 없어."
"다 잘 될 거야."
"생각이 너무 많아."
이런 말들이 불안을 더 깊게 만든다.
불안은 말이 아니라 감각이기 때문에,
논리로는 절대 사라지지 않는다.

불안은 마음의 미세 진동이다.
겉으로는 멀쩡한데
안에서는 작은 파열음이 계속 울린다.
'이거 아니면 어떻게 하지?'
'이렇게 망하면 어떡하지?'
'사람들이 나를 이상하게 보면 어떡하지?'
'이번에도 안 되면 어떡하지?'
이런 생각들이 마음속에서
잔잔한 지진처럼 흔들린다.

표정은 멀쩡하지만,
속은 하루 종일 흔들리고 있는 것이다.

불안은 나를 지키기 위한 과잉 준비 상태다.
불안을 자주 느끼는 사람은
사실은 아주 오랫동안
무방비로 상처받은 경험이 있는 사람이다.
예고 없이 버려졌거나,
갑자기 혼자가 되었거나,
아무 말 없이 무너졌던 기억이 있다면,
그 사람의 마음은 늘 대비 상태로 살아간다.
그래서 불안은,
사실은 "다시는 그렇게 상처받고 싶지 않아"라는
절실한 자기방어다.
불안은 약해서 생긴 게 아니라,
너무 오래 살아남으려고 애쓴 결과다.

불안은 느끼는 게 아니라, 견디는 것이다.
"불안해"라는 말 뒤에는
"그래도 해야 하니까"라는 단호함이 숨어 있다.
불안한 사람은 게으른 사람이 아니다.

그들은 오히려 너무 많이 생각하고,
너무 열심히 대비하고,
그래서 더 쉽게 지치는 사람이다.
불안은 사람을 멈추게 하지 않는다.
불안은 사람을 더 빨리 달리게 만든다.
문제는,
그렇게 달리면서도 마음 한편엔 늘 이런 감각이 있다.
"지금 이 순간도 불안해."
"괜찮은 것 같다가도 다시 무너질까 봐 겁나."

그래서 불안은, 감정이 아니라 생존의 기술이다.
불안을 없애야 하는 게 아니다.
불안을 '적당히 느끼는 법',
불안을 '나를 해치지 않는 방식으로 통과시키는 법'을
배워야 한다.
그리고 무엇보다,
불안을 느끼는 자신을
부끄러워하지 않아야 한다.
왜냐하면 불안은 말하고 있기 때문이다.
"나, 아직도 무너지지 않았어."
"나는 살아 있고, 살아 있으니까 무섭고,

그래서 지금도 용기 내고 있어."

불안은
살고 싶은 사람이 느끼는 감정이다.
불안을 느끼는 나는
지금도
살아 있으려고 애쓰는 사람이다.
그러니 이렇게 말해도 된다.
"나는 불안해.
하지만 그건 내가 아직 끝나지 않았다는 뜻이야."

'별일 아닌데'라고 넘긴 게, 내 안에서는 지진이었다

"그건 그냥 농담이었잖아."
"그 정도는 누구나 겪는 일인데."
"별일도 아닌데 왜 그렇게까지 반응해?"
그 말을 들으면,
나는 스스로가 너무 유난스러워 보였다.
너무 예민하고, 너무 복잡하고, 너무 이상한 사람 같았다.
그래서 감정을 눌렀다.
"내가 과했어."
"이건 내가 예민한 탓이야."
"그냥 넘기자."
하지만 그건 별일 아니었던 게 아니라,
이미 내 안에 있었던 어떤 지점을 건드린 사건이었다.

'별일 아닌데'라는 말은 대부분,
별일이었던 사람만 듣는다.

나에겐 그게 그냥 한 문장이 아니었다.

그 말은 예전에 들었던 다른 누군가의 말투와 겹쳤고,

과거의 기억을 깨웠고,

묻어둔 감정을 툭 하고 건드렸다.

그러니까

그 사건 하나가 무거웠던 게 아니라,

나의 내면이 이미 오래 흔들리고 있었던 거다.

그 작은 말 한마디는

그저 '도화선'이었을 뿐이다.

이미 쌓이고 쌓인 감정의 지층 안에서는

수많은 금이 가 있었고,

그게 결국 터졌을 뿐이다.

누군가의 무심한 말에

너무 깊게 상처받을 때,

그건 지금 그 사람의 문제가 아니라

과거에 충분히 처리되지 못한 나의 감정 때문일 수 있다.

그때 참았고,

그때 말하지 못했고,

그때 이해받지 못했던 기억이

'지금 이 순간'에 겹쳐서 올라오는 것이다.

그래서 사람들은 말한다.

"야, 너 왜 이렇게 예민해?"
그 말이 더 아프다.
왜냐하면 나도 내가 왜 이런지 모르기 때문이다.
하지만 몸은 알고 있다.
내 안에서는 지금, 진동이 일어나고 있다.

불안은 감정의 전조 증상이다.
겉으론 별일 없어 보이지만,
속은 무너지는 중이다.
우리는 너무 오래
"이 정도는 괜찮아야지"라는 말에 익숙해져 있다.
그래서 감정의 흔들림을 허용하지 못한다.
하지만 기억하자.
'작은 사건'이 우리를 흔드는 게 아니라,
이미 흔들려 있던 상태에 그 사건이 얹힌 것뿐이다.
불안은 그걸 알려주는 경고음이다.
지금이라도 나를 돌아보라는,
지금이라도 이 감정 좀 들어보라는,
나의 가장 깊은 곳에서 울리는 진동 경보다.

그러니 내 감정 반응을 의심하지 말자.

그건 잘못된 게 아니라, 정확한 감각이다.
사람들이 몰라주는 건 어쩔 수 없다.
그들은 내 안의 진동을 듣지 못하니까.
하지만 나는 안다.
그 말 한마디에,
그 장면 하나에,
내 심장이 왜 그렇게까지 반응했는지.
나는 이상한 게 아니다.
나는 여전히 기억하고 있는 중이다.
말하지 않았던 기억,
울지 못했던 시간,
넘겼지만 넘기지 못했던 순간들을.

'별일 아닌데'라고 넘긴 바로 그것이,
나에겐 진짜 아픔이었다.
그리고 이제는 이렇게 말해도 된다.
"맞아. 나는 그 일에 상처받았어.
나는 아직 아파.
그걸 인정하는 게
내가 나를 다시 지켜내는 첫걸음이야."

워크북

1. 불안과 마주한 순간
불안은 '아직 일어나지 않은 일'이 이미 내 안에서 벌어진 상태이다.

- 최근 불안을 가장 강하게 느낀 순간은 언제인가?
- 그때 실제로 무슨 일이 있었나?
- 내가 상상한 '최악의 시나리오'는 무엇이었나?
- 그 시나리오가 현실이 될 확률은 얼마나 된다고 생각했나?
- 불안이 올라온 순간 내 몸은 어떤 신호를 보냈나?
  (심장, 호흡, 땀, 근육 등)
- 그 순간 나의 첫 번째 생각은 무엇이었나?
- 불안을 느낀 후 나의 행동 패턴은 어땠나?
  (도망, 과도한 준비, 무기력 등)

2. 불안의 촉발 요인 찾기
불안은 특정 상황·사람·장소·기억에 의해 쉽게 촉발된다.

- 이번 불안을 유발한 직접적인 계기는 무엇이었나?
- 그 계기와 연결된 과거 경험이 있나?
- 불안이 특정 시간대나 장소에서 더 심해지는 경향이 있나?

- 어떤 사람 앞에서 불안이 더 커지는가?
- 불안을 유발하는 내 '내적 대사(속마음의 말)'는 무엇인가?
- 이 대사가 현실적인 근거가 있는지 따져본 적이 있나?
- 불안이 커지기 전, 몸에서 먼저 오는 경고 신호는 무엇인가?

3. 불안 속에 숨은 감정

불안은 종종 두려움, 수치심, 상실감 같은 다른 감정을 덮고 있다.

- 불안이 사라진다면, 그 밑에서 드러날 감정은 무엇일까?
- 그 감정을 직접 마주하기 어려운 이유는 무엇인가?
- 그 감정은 언제부터 나와 함께 있었나?
- 불안을 통해 그 감정을 피하려 했던 적이 있나?
- 그 감정을 인정했을 때, 불안의 강도는 어떻게 변했나?
- 그 감정을 다루는 안전한 방법은 무엇일까?
- 불안을 숨기는 대신, 그 밑의 감정을 표현한 경험이 있나?

4. 과거 경험과의 연결

현재의 불안은 과거의 경험, 특히 무력감이나 불안정했던 순간과 연결된다.

- 지금의 불안과 비슷한 감정을 처음 느낀 건 언제인가?

- 그때 나는 몇 살이었고, 어떤 상황이었나?
- 그 상황에서 나는 무슨 생각을 했나?
- 그때의 나는 불안을 어떻게 다뤘나?
- 그 방식이 지금까지 반복되고 있는가?
- 과거의 나에게 해줄 수 있는 말이 있다면?
- 지금 내가 할 수 있는 '그때와 다른 선택'은 무엇인가?

5. 불안을 다루는 나의 방식

불안을 느꼈을 때의 대응 방식은 학습된 습관이다.

- 나는 불안을 느끼면 어떤 행동을 하나?
  (숨기기, 과도한 대비, 회피, 과식 등)
- 그 방식이 나를 보호해준 적이 있나?
- 그러나 그 방식이 나를 더 불안하게 만든 적은 없는가?
- 불안을 다루는 나만의 건강한 방법은 무엇이 될 수 있을까?
- 나를 안정시키는 '즉각적 진정 루틴'은 무엇인가?
- 불안한 상황에서 나를 지지해줄 사람은 누구인가?
- 불안을 줄이는 데 도움을 준 경험이 있다면?

6. 불안에서 배운 것

불안은 나를 괴롭히지만, 동시에 중요한 신호와 방향을 준다.

- 이 불안이 나에게 알려준 메시지는 무엇인가?

- 불안이 없다면 나는 무엇을 할 용기가 날까?
- 불안이 줄어든다면 어떤 관계가 달라질까?
- 불안이 나를 보호하려는 시도일 수도 있다고 느낀 적이 있는가?
- 그 보호를 더 건강하게 할 방법은 무엇인가?
- 불안이 경고하는 '내가 지켜야 할 것'은 무엇인가?
- 앞으로 불안이 찾아올 때, 나는 어떻게 대할 건가?

Memo

무기력: 아무것도 하기 싫고, 아무도 만나고 싶지 않아

의욕이 없는 게 아니라, 견디는 데 다 써버린 거야

하루 종일 멀쩡해 보였다.

말도 했고, 일도 했고, 일상도 흘렀다.

그런데 막상 집에 돌아오니

샤워조차 하기 싫고,

누구와도 말 섞고 싶지 않고,

좋아하던 것도 귀찮아졌다.

핸드폰은 손에 있는데, 아무것도 보고 싶지 않고

불은 켜져 있는데, 그냥 누워 있고 싶었다.

그럴 때, 속으로 이렇게 말한다.

"나 왜 이렇게 의욕이 없지?"

"나 왜 이렇게 아무것도 하기 싫지?"

"이러다 망가지는 거 아냐?"

하지만 진짜 이유는 그게 아니었다.

의욕이 없었던 게 아니라,

버티느라 모든 에너지를 다 써버린 거였다.

무기력은 나약함이 아니다.
무기력은 '너무 오래 참은 사람'에게 오는 정지 상태다.
난 요즘 아무 일도 안 한 게 아니라,
'아무 말도 안 하고 견뎌낸 일'이 많았던 거다.
말하지 못하고 삼킨 감정들,
억지로 웃어야 했던 장면들,
무시해도 되는 일에 예의 지켜야 했던 순간들.
그 모든 것들이 너를 안에서 조금씩 갉아먹었고
지금 네 감정의 엔진이 꺼진 것처럼 느껴지는 건
정상이 아니라,
필연이었다.

무기력은 뇌가 보내는 방전 경고다.
하고 싶은 것도, 할 수 있는 것도,
심지어 하던 것도
갑자기 멈추는 그 느낌.
그건 나약한 게 아니다.
그건 뇌가 말하고 있는 거다.
"이제 진짜 멈추자.
이대로 가면 너 무너진다."
그건 나를 위한 정지다.

나를 위한 보호다.
나를 위한 마지막 휴식 신호다.

나는 게으른 게 아니라, 너무 오래 '괜찮은 척' 했던 사람이다.
난 다 해냈다.
웃었고, 맞췄고, 넘어갔고, 참았다.
그래서 지금은 할 수 없게 된 거다.
사람들이 나에게 기대하는 그 에너지,
그 반응,
그 감정 서비스—
다 쏟아부은 결과로
지금의 나는 '텅 비어 있는' 게 아니라
'다 쓴' 것이다.

무기력은 아무것도 안 하고 싶어서가 아니라,
'아무도 나 좀 쉬게 해주지 않아서' 생기는 감정이다.
어쩌면 나는 스스로에게조차
"그 정도로 힘들진 않았어"라고 말하고 있었을 거야.
그래서 지금 이 무기력이 더 불편하게 느껴질 거야.
하지만 이건 불편해도 느껴야 하는 감정이다.
지금 이 무기력은 나를 향한 마지막 구조 신호일 수 있다.

그러니 이제는 이렇게 말해도 괜찮다.
"나, 오늘 아무것도 못해도 돼."
"나 지금 이렇게 무기력한 것도 내 일부야."
"이건 게으름이 아니라 회복이야."
내가 다시 일어서는 시간은
지금 이렇게 멈춰있는 시간에서 시작된다.

삶이 너무 무거워질 때, 감정은 스스로를 꺼버린다

처음엔 울고 싶었어.

억울했고, 슬펐고, 상처도 받았고.

말하고 싶었고, 털어놓고 싶었고, 소리라도 지르고 싶었어.

그런데 어느 순간부터

감정조차 느껴지지 않게 됐다.

화도 안 나고,

눈물도 안 나고,

심지어 슬픔도 느껴지지 않는다.

"그냥 무감각해."

"그냥 아무 느낌이 없어."

사람들은 그걸 무심하다고, 냉정하다고 생각할지 몰라도

감정은 너무 오래 고통받으면 스스로 전원을 꺼버린다.

감정이 꺼졌다는 건,

마음이 더는 감당할 수 없다는 뜻이다.

슬퍼도 표현할 수 없었던 시간들,
속에서 울고 있어도 겉으론 웃어야 했던 순간들.
그렇게 '느껴도 된다'는 허락 없이
감정을 억누르고 억누르고 억누르다 보면,
마음은 결국 스스로에게 이렇게 말한다.
"이 감정을 계속 느끼면, 나 진짜 망가질 거야."
그리고 거기서부터
마음은 생존을 선택한다.
느끼는 걸 멈추는 방식으로.

사람은 감정이 사라져서 무너지는 게 아니라,
감정이 너무 과해서 스스로를 잠그는 것이다.
기쁨도 슬픔도, 사랑도 미움도
다 귀찮고, 무의미하고, 차가워졌다면
그건 '너무 오래 느껴서 지친 상태'일 수 있다.
가장 위험한 감정 상태는
울음도 웃음도 사라진 고요함이다.
거기에는 고요라는 이름의 마비가 있다.
감정의 부재는 감정의 고장이라기보다
감정의 과부하일 수 있다.

나는 지금 아무 감정이 느껴지지 않는 게 아니다.
느껴질 여력이 남아 있지 않은 거다.
감정을 꺼버린 건 마음의 회피가 아니라,
마음의 마지막 방어다.
더는 느끼면 안 될 만큼,
더는 견디면 안 될 만큼,
나는 너무 오래, 너무 깊이 버텨온 것이다.

그러니 스스로에게 이렇게 말해도 된다.
"나는 감정이 없는 사람이 아니야.
나는 감정이 너무 깊은 사람이야.
그래서 지금, 꺼진 거야.
너무 오래 켜져 있었으니까."

다시 말하지만,
이 감정 없는 상태는
망가진 게 아니라
지키려는 몸부림이다.
마음이 아직 나를 포기하지 않았기 때문에
마지막 수단으로
모든 버튼을 잠가버린 것이다.

그리고 그건 언젠가 다시 켜질 수 있다.

조건은 하나.

"더 이상 나를 그렇게까지 몰아붙이지 않는 것."

워크북

1. 무기력과 마주한 순간

무기력은 '의지가 없는 게' 아니라, '의지를 쓸 힘이 바닥난 상태'다.

- 최근 내가 가장 무기력을 느낀 순간은 언제였나?
- 그때 내 몸과 마음 상태는 어땠나?
- 무기력을 느낄 때 자주 드는 생각은 무엇인가?
- 무기력 상태가 보통 얼마나 지속되나?
- 무기력을 느끼는 동안 나는 주로 무엇을 하나?
- 그때 주변 사람들은 나를 어떻게 대했나?
- 무기력에서 빠져나온 경험이 있다면, 계기는 무엇이었나?

2. 무기력의 촉발 요인 찾기

무기력은 대개 에너지 소모가 큰 경험 후에, 혹은 회피하고 싶은 상황 앞에서 나타난다.

- 무기력을 유발하는 가장 흔한 상황은 무엇인가?
- 그 상황이 반복되면 내 감정은 어떻게 변하나?
- 무기력 전에 나타나는 전조 신호는 있나?
  (피곤, 집중력 저하, 무감각 등)
- 나를 가장 소모시키는 인간관계는 어떤 관계인가?

- 스스로 기대치가 너무 높아진 적이 있나?
- 무기력의 강도가 유독 심해지는 계절·시간·요일이 있나?
- 무기력을 느낄 때 내 몸에서 나타나는 증상은 무엇인가?

3. 무기력 속에 숨은 감정

무기력의 밑바닥에는 슬픔, 수치심, 두려움, 좌절감이 숨어 있을 수 있다.

- 무기력의 뒤에 숨은 가장 강한 감정은 무엇인가?
- 그 감정을 인정하기 어려운 이유는 무엇인가?
- 무기력을 느끼는 동안, 그 감정을 누군가에게 털어놓은 적이 있나?
- 무기력을 '게으름'으로 오해한 적이 있나?
- 무기력과 우울감을 구분해본 적이 있나?
- 무기력 상태에서 떠오르는 과거 기억이 있나?
- 그 감정을 인정하면 무기력이 완화되는가?

4. 과거 경험과의 연결

무기력은 종종 과거에 '노력해도 변화 없었던 경험'과 연결된다.

- 무기력을 처음 느꼈던 때를 기억하나?
- 그때 나는 몇 살이었고, 어떤 상황이었나?
- 그때 나는 어떻게 대처했나?

- 그 대처 방식이 지금까지 반복되고 있나?
- 그 시절의 나를 떠올리면 어떤 말이 떠오르는가?
- 과거의 무기력을 극복하게 만든 힘은 무엇이었나?
- 지금의 나에게 필요한 건 그때와 같은 힘인가, 아니면 다른 무언가인가?

5. 무기력을 다루는 나의 방식

무기력은 '그냥 참기'보다 '작게라도 움직이기'가 회복을 앞당긴다.

- 무기력 상태에서 나는 주로 어떻게 반응하나?
   (휴식, 방치, 억지 행동 등)
- 그 방식이 나를 회복시키나, 아니면 더 깊이 빠뜨리나?
- 무기력을 완화해준 '작은 행동'은 무엇이었나?
- 무기력할 때 나를 안정시키는 공간이나 활동이 있는가?
- 무기력에서 벗어나기 위해 주변에 도움을 청해본 적이 있나?
- 무기력을 줄이는 데 도움이 된 '하루 루틴'이 있었나?
- 지금 무기력을 조금 줄이기 위해 할 수 있는 첫 행동은 무엇인가?

6. 무기력에서 배운 것

무기력은 '잠시 멈춰야 한다'는 몸과 마음의 강력한 신호다.

- 이번 무기력이 나에게 알려준 메시지는 무엇인가?

- 무기력이 없다면 지금 어떤 변화를 만들 수 있을까?
- 무기력을 '게으름'이 아니라 '경고'로 받아들인다면 무엇이 달라질까?
- 무기력이 나를 보호하려는 방식일 수도 있다고 생각해본 적이 있나?
- 무기력에서 벗어난 후, 나는 어떤 사람이 되고 싶나?
- 무기력의 재발을 막기 위해 가장 먼저 바꿔야 할 것은 무엇인가?
- 앞으로 무기력이 찾아오면 나는 어떻게 대할 건가?

Memo

슬픔과 외로움: 울고 싶은데 이유를 모를 때
진짜 아픈 사람은 조용히 울어

가끔은 아무 이유 없이 눈물이 난다.
정말 '아무 일도 아닌 것' 때문에.
드라마 한 장면,
누군가 무심코 건넨 말,
문득 들리는 노래 가사 한 줄.
그렇게 터져버린 감정 앞에서
나는 당황한다.
"왜 이러지? 나 왜 울지?"
"지금 별일 없잖아. 그냥 넘기면 되잖아."
그런데 그게 슬픔의 정체다.
진짜 깊은 슬픔은,
이유를 설명할 수 없을 때 찾아온다.

사람들은 '슬픔' 하면 울음을 먼저 떠올리지만,
진짜 깊은 슬픔은 오히려 조용하다.

호소하지 않는다.
주목받지도 않는다.
도움도 잘 구하지 않는다.
진짜 아픈 사람은
설명하는 것조차 지친 사람이다.
그래서 말 대신 침묵을,
소리 대신 눈물 한 방울을 택한다.
그건 약함이 아니라,
너무 오래 혼자였다는 증거다.

진짜 아픈 사람은, 말하는 법을 잊는다.
왜냐하면 그 슬픔이 너무 오래되었기 때문이다.
처음엔 말하고 싶었다.
"나 지금 너무 힘들어."
"누가 나 좀 안아줬으면 좋겠어."
"계속 이렇게 살고 싶진 않아."
하지만 그런 말을 몇 번 삼키다 보면
사람은 말하는 걸 포기한다.
그 침묵은 체념이고, 자기보호고, 생존이다.
그래서 진짜 아픈 사람은
가장 조용한 방식으로,

자신을 견뎌낸다.

슬픔은 사람이 느끼는 감정 중에서
가장 무겁고, 가장 오래 지속되는 감정이다.
그건 어떤 상처 때문만이 아니라,
그 감정을 함께 나눌 사람이 없다는 사실 때문에 더 커진다.
그래서 슬픔은
고통보다 외로움의 형태로 다가온다.
말하고 싶은데 말할 수 없는 외로움.
누가 나를 꺼내줬으면 좋겠는데,
아무도 내 안에 들어오지 않는 외로움.

울고 싶은데 이유를 모를 때,
그건 지금의 감정이 아니라,
쌓이고 쌓여 썩어버린 감정이다.
감정은 물처럼 흐르지 않으면 썩는다.
처리되지 못한 감정은 몸속에 고이고,
그 고인 감정은 언젠가
이유 없는 무기력과 눈물로 터진다.
그래서 '울고 싶은데 이유를 모를 때'
그 눈물은 몸이 흘리는 것이다.

내가 너무 오래 참았다는 신호다.
"이제 진짜 좀 울어도 돼."

그러니 이렇게 말해도 된다.
"나, 지금 정확히 왜 우는지 몰라도 괜찮아."
"이유 없는 슬픔도, 충분히 정당해."
"내가 느끼는 이 외로움은 진짜야.
이건 나를 무너뜨리는 게 아니라,
오히려 나를 다시 만나게 해주는 길일지도 몰라."

진짜 아픈 사람은,
조용히 눈물 흘리며 스스로를 다시 껴안는 사람이다.
그리고 그 사람은
이 글을 읽고 있는 바로 당신일 수도 있다.

외로움은 감정의 마지막 언어다

감정에는 목소리가 있다.
슬픔은 흐느낌이 되고,
분노는 목소리를 높이고,
불안은 말끝을 떨리게 한다.
그런데 어느 순간,
어떤 감정도 말로 나오지 않는다.
목소리도, 눈물도, 표정도 사라진다.
그리고 그 자리를 채우는 감정이 있다.
외로움.
말이 사라진 자리에서
마지막으로 남는 감정.

외로움은 감정이 포기당한 자리에서 시작된다.
말해도 이해받지 못했던 기억,
슬퍼도 "너만 힘든 거 아니야"라는 말,

도움 요청조차 미안했던 시간.
그 모든 감정이 차곡차곡 꾹꾹 눌린 끝에
마음은 더 이상 표현하지 않기로 결정한다.
그리고 그 결정 이후에 찾아오는 정서,
그게 바로 외로움이다.
이미 수없이 느꼈고,
수없이 무시당했고,
수없이 표현하려다 포기한 감정들이
형태 없는 정서로 남은 것.
그래서 외로움은 설명되지 않는다.
심지어 본인도 이유를 모른다.
"그냥 공허해요."
"아무도 없는 것 같아요."
"사람들 사이에 있어도 외로워요."
이 말들은 사실
슬픔, 수치, 분노, 불안 같은 감정들이
더 이상 말로 되지 않아
침묵으로 변형된 상태다.

외로움은 감정의 마지막 언어다.
감정은 말로 표현되지 않으면

몸에 고인다.
고인 감정은 형태를 잃고
어떤 이름도 붙지 않은 감정으로 남는다.
그리고 그 익명의 감정이
한밤중, 혼자일 때,
문득 찾아온다.
그건 이름 없는 감정이 아니라,
이름을 너무 많이 잃어버린 감정이다.
그리고 그 모든 것을 담고 있는 단어가
바로 외로움이다.

외로움은 고장 난 마음이 아니라,
너무 오래 버텨온 마음이다.
누군가와 나누고 싶었던 감정이
전달되지 못했을 때.
설명하지 않아도 이해받고 싶었던 마음이
외면당했을 때.
사람은 감정을 다 쓰고
마지막으로 외로움만 남긴다.
외로움은 그 모든 감정의 잔해 위에
덧씌워진 마지막 감정이다.

그래서 우리는 결국

이 모든 이야기를 끝낸 후

이 말 한마디에 도착한다.

"그냥, 좀… 외로워요."

그리고 그 말 안에는

정말 많은 말들이 숨어 있다.

"지금껏 말할 수 없었어요."

"그 누구에게도 다 말하지 못했어요."

"나, 사실 정말 오래 버텼어요."

외로움은 마음이 보내는 마지막 언어다.

더 이상 말할 수 없기에,

그저 조용히 존재로 남는 감정이다.

하지만 잊지 말자.

외로움은 단절이 아니라,

"누군가 나의 이 외로움을 읽어주길 바라는 마지막 희망"일 수 있다.

그 희망을 포기하지 않는 한,

외로움은 끝이 아니라

조용한 시작이 될 수도 있다.

워크북

1. 지금, 내가 느끼는 슬픔

슬픔은 반드시 '사건'에서만 오는 게 아니라, 쌓인 감정과 기억의 총합에서 터져 나온다.

- 지금 느끼는 슬픔을 한 문장으로 표현한다면?
- 이 슬픔에 '얼굴'이 있다면 어떤 표정일까?
- 슬픔이 가장 크게 밀려오는 시간대는 언제인가?
- 그 순간, 내 몸에서 가장 무거운 부위는 어디인가?
- 이유를 설명할 수 없지만 눈물이 난 적이 있나?
- 그때 주변 사람의 반응은 어땠나?
- 그 반응이 내 감정을 가라앉혔나, 아니면 더 무겁게 했나?

2. 외로움과의 차이 느끼기

슬픔은 상실에서, 외로움은 단절에서 시작된다. 하지만 둘은 자주 섞여서 나타난다.

- 지금의 감정은 '슬픔'에 더 가깝나, '외로움'에 더 가깝나?
- 이 감정이 시작된 계기는 무엇인가?
- 외로움을 느낄 때 주로 어떤 생각이 떠오르나?
- 그 순간 '누군가 곁에 있었으면' 하는 마음이 드는가?
- 슬픔과 외로움이 동시에 온 적이 있나? 그때 상황은 어땠나?

- 이 감정을 줄여줄 수 있는 존재나 공간이 있나?
- 지금 당장 누군가에게 연락한다면 누구일까?

3. 뿌리 찾기
이유 없는 슬픔은 종종 오래전 경험에서 감정이 '완결되지 못했을 때' 나타난다.

....

- 어린 시절, 이유 없이 울었던 기억이 있나?
- 그때 주변 어른들은 어떻게 반응했나?
- 울고 싶어도 참았던 경험이 있나?
- 그때의 감정을 지금 느끼는 감정과 비교하면 비슷한가?
- 최근에 비슷한 상황이 반복된 적이 있나?
- 아직도 끝내지 못한 작별이나 상실이 있나?
- 그때 하지 못했던 말을 지금 하면 어떤 말일까?

오래된 상실의 장면

_____

_____

_____

_____

_____

4. 몸이 기억하는 슬픔

슬픔은 몸의 특정 부위에 쌓여 신호를 보낸다.
이를 알아차리는 것이 감정 회복의 시작이다.

- 슬픔을 느낄 때 가장 먼저 반응하는 신체 부위는 어디인가?
  (목, 어깨, 가슴 등)
- 그 부위에 어떤 감각이 드는가? (답답함, 떨림, 통증 등)
- 감각이 나타나기 직전에 무슨 일이 있었나?
- 그때의 감각을 억누르나, 아니면 표현하나?
- 그 부위에 손을 얹거나 스트레칭을 하면 어떤 변화가 있나?
- 몸의 반응을 무시한 적이 많았나?
- 오늘은 그 부위에게 어떤 휴식을 줄 수 있는가?

5. 슬픔과 외로움 다루기

감정을 '없애기'보다 '함께 있는 시간'을 길게 가져가는 것이
치유의 입구다.

- 지금의 감정을 있는 그대로 묘사해보자.
- 이 감정과 함께 있을 때, 나를 안정시키는 행동은 무엇인가?
- 혼자 있을 때 오히려 더 위로가 된 경험이 있나?
- 다른 사람의 말이나 행동이 이 감정을 완화시킨 적이 있나?
- 이 감정을 글이나 그림으로 표현하면 어떤 모습일까?
- 슬픔과 외로움이 나에게 주는 배움은 무엇인가?
- 앞으로 같은 감정이 찾아오면 어떻게 맞이할 건가?

Memo

3부

감정은 가만히 있으면 들리지 않는다

어릴 때부터 감정을 표현하는 것에 서툴렀다.
숱한 감정의 질감을 온몸으로 느끼면서도
해석하지 못하고 표현하지 못한 감정의 유산들에 뒤덮여 허덕이고
견디다
갑작스레 폭발했다.
나를 괴롭히던 타인을 비난하고 공격하며
관계는 단절만이 최선이라 여기며 도피를 일삼던 시절이 있었다.

큰 웃음소리를 지적 받으며 웃음을 참기 시작했고,
조금은 독특했던 목소리를 놀려대던 친구들의 조롱에
점점 더 말없이 작은 나로 살아야만 했다.
그래서 더 소리에 민감하게 반응하는 패턴을 만들어 온 것인지도 모른다.
나의 숨소리,
옆 사람의 숨소리,
그들의 웃음소리,
상사의 발소리,
전화기 너머 들려오는 목소리,
말없이 움직이는 모든 몸짓과 소리의 파동들이 더 깊이 새겨질 수 있게
귀 기울이고 관찰하며 나를 이해하고 싶었던 거다.
어떤 선택을 해도 확신을 갖지 못했고,

무모하게 저지른 후에 맛보고 소화하고 싶지 않은 것을
질겅거리다 뱉어 버리며
원하던 질감이 아니라는 감각에 복종하듯 의존하며
과감히 무책임하게 돌아서버렸다.

움직임이 먼저 말을 걸어올 때
첫 시도: 머리는 차갑고, 몸만 울고 싶어했던 순간들

처음 움직임을 시작했을 때,
나는 내가 아무 감정도 없다고 믿고 있었다.
그날 하루도 무표정하게 지나쳤고,
머리는 여전히 차가웠고,
기억은 또렷했으며, 심장은 담담했다.
나는 그 상태로
그저 눈을 감고, 음악에 맞춰 몸을 움직이기 시작했다.
딱히 무언가를 느끼진 않았다.
그냥 팔을 움직였고, 고개를 돌렸고,
몸을 느슨하게 풀었다.
그런데 갑자기,
어느 순간에 눈물이 났다.
아무 이유도 없었고,
슬픈 기억도 떠오르지 않았는데
그저 눈물이 났다.

너무 낯설고, 너무 당황스러웠다.
머리는 차가운데,
몸만 울고 싶어하고 있었다.
나는 그날 처음 알았다.
감정은 머리에서 풀리는 게 아니라는 걸.
감정은 말로 설명되기 전에
이미 몸 어딘가에서
울컥하고 있었다는 걸.
말하지 못했던 감정들,
그때그때 삼켰던 말,
억지로 참았던 눈물,
표정 없이 넘겼던 순간들…
그 모든 것들이 내 몸 어딘가에 쌓여 있었던 거다.
나는 몰랐다.
내가 무표정하게 살고 있었던 게
감정이 없어서가 아니라
몸이 감정을 대신 숨기고 있었기 때문이라는 걸.
움직임은 언어가 없는데,
그 안에 진실이 있었다.
몸은 꾸미지 않았고,
억지로 조절하지 않았고,

그저 솔직하게 흘렀다.
말하지 않아도 울 수 있다는 것,
이해하지 못해도 감정을 흘려보낼 수 있다는 것,
그건 내가 배워야 할 두 번째 언어였다.
그 언어는 정확하지 않지만 진실했고,
조용하지만 강했다.
그날 나는 울고 싶었다.
아무도 없는데,
아무 말도 하지 않았는데,
이후로 나는 조금씩
움직이기 시작했다.
내 안의 슬픔에게, 분노에게,
미안하다고 말하지 못한 나를 위해.
그리고 비로소,
움직임 안에서 감정이 숨 쉬기 시작했다.

몸이 원하는 대로 움직이면, 마음이 따라온다

움직이며, 나는 점점 나와 더 친밀해졌다.

몸을 어떻게 써야 하는지, 정답은 없다.

하지만 몸은 늘 나보다 먼저 알고 있었다.

어떤 움직임이 지금 나에게 필요한지,

어디에 감정이 갇혀 있는지.

처음엔 그저 '움직이고 싶은 대로' 움직였다.

팔이 흔들리고, 어깨가 떨리고,

뜻밖의 부위가 먼저 반응했다.

그러다 어느 순간,

'내가 늘 하던 방식' 말고

'내게 필요한 에너지를 불러오는 방식'으로

의도적인 움직임을 시도하게 되었다.

익숙한 패턴을 잠시 멈추고,

소외되었던 관절을 펴고,

늘 피하던 방향으로 몸을 틀었다.

그렇게 처음 해보는 움직임들이
내 안의 막혀 있던 감정을 툭, 하고 건드렸다.
말보다 먼저 반응하는 건, 언제나 몸이다.
이해보다 빠르게 반응하는 것도, 역시 몸이다.
움직임을 따라가다 보면
그 안에서 무겁게 눌려 있던 감정이 일어선다.
슬픔, 억울함, 분노, 놓지 못한 감정들—
그 모든 것들이 말 없이 드러나기 시작한다.
움직임이 가르쳐준 건 하나가 아니었다.
움직임 안엔 감정이 있고,
그 감정 안엔 내가 있다.
움직이는 순간, 나는
'해결하려는 나'가 아니라
'느끼는 나'로 돌아온다.
그때부터 감정은 해석되지 않고도 정리된다.
움직임은 곧 감정의 언어다.
그리고,
움직임은 치유 그 자체이며,
치유가 시작되는 입구다.

몸은 나의 첫 고향

인간의 첫 배움은 어머니의 자궁 속에서 시작된다.
몸과 마음이 하나였던 때, 세포는 단순하고 선명하게 세상을 느낀다.
물속에서도 자신이 있을 자리를 안다.
어머니의 숨결과 지구의 맥박 속에서, '나는 세상과 연결되어 있다'는
감각이 자란다. 세포는 서로의 접촉을 통해 나의 존재를 배운다.
그 연결감은 우리가 길을 잃었을 때 돌아갈 뿌리다.
사랑과 지지를 받을 때, 우리는 처음 느꼈던 온전함에 다시 닿는다.
움직임 명상은 이 기억을 깨우는 작업이다.
감각이 살아나고 몸과 마음은 더 건강하고 조화로운 길을 선택한다.
그 길 위에서 우리는 안정된 뿌리를 내리고, 삶과 더 깊이 연결된다.
마음이 깨어 있고 몸이 편안할 때, 우리는 있는 그대로의 자신을
경험한다. 존재는 행위의 뿌리이고, 행위는 존재를 완성한다. 어느
한쪽만 붙들면 삶은 금세 불균형해진다.
우리의 세포는 둥근 원처럼 완결성을 품고 있다. 바람, 빛, 온도,
촉감… 모든 감각이 몸을 통해 지금의 세상과 나를 연결한다.

피부는 바깥의 변화를 받아들이고, 장기와 근육은 그 정보를 해석해 나에게 말을 건넨다.
때로는 고요히, 때로는 강하게, 몸은 끊임없이 묻는다.
"이 패턴은 너에게 무슨 말을 하고 있지?"
"무엇이 나를 이롭게 하고 있지?"
"나는 변화할 준비가 되어 있는가?"
이 물음에 귀 기울일 때, 나는 나를 이루는 수많은 다름들이 서로를 인정하는 것을 배운다.
그 순간, 타인의 몸과 마음도 이해하고 존중할 수 있게 된다.
움직임은 감각을 깨우고, 숨겨진 감정을 드러낸다.
고통스러운 순간이 올 수도 있지만, 그 시간은 자연스럽고 필연적인 통과의례다.
이 과정을 지나면 움직임의 폭이 넓어지고, 표현력이 살아난다.
새로운 나의 고유함이 서서히 모습을 드러낸다.
움직임은 단순히 '하는 것'보다 '느끼는 것'이 중요하다.
호흡을 비워두고, 생각과 판단을 내려놓는다.
그 순간의 나를, 단순하게, 진실되게 느끼고 포옹한다.

움직임 명상 가이드

느슨하고 편안한 복장으로 자리에서 누워 피부와 근육을 느껴봅니다.
> 누울 수 없는 공간이라면 앉아서 해도 좋습니다.

피부는 안과 밖을 동시에 느끼는 경계이면서 나누기보다 하나로 묶는 경계입니다.
끝없이 교환하고 확장된 공간을 열어주는 것입니다.

바닥의 온도를 느끼며 현재의 호흡을 바라봅니다.
천천히 깊게 들이마시고 길게 내쉬어 봅니다.
다섯 번 심호흡을 반복하며 머리와 얼굴, 목, 어깨, 팔, 가슴, 등과 배의 긴장을 풀어냅니다.
엉덩이, 허벅지, 무릎, 종아리, 발이 편안하게 이완되어 있는지 살펴봅니다.

따뜻하고 부드러운 숨을 온몸으로 보내며 힘을 놓아줍니다.
눈이 촉촉해지고 있는지 느껴보고 눈의 움직임을 도와주는 근육들이 쉴 수 있게 놓아줍니다.

아래턱을 살짝 움직이면서 얼굴에 남아있는 긴장감을 흘려 보내줍니다.

귀와 어깨의 거리가 점점 더 멀어진다는 상상을 하면서 편안하고 다정한 호흡을 온몸으로 보내줍니다.

머리의 감각이 어떤지 느껴보고 고개를 좌우로 세 번 움직이면서 남아있는 긴장감을 흘려 보내줍니다.

얼굴에 남아있는 긴장감과 목과 어깨를 살펴보고

이제 가슴으로 숨이 들어오고 나가는 상상을 하면서 심박동의 리듬을 관찰해 봅니다.

두 손을 가슴위에 얹고 심박동을 느껴보면서 지금의 리듬이 빠른 지 느린 지, 불편함은 없는지 느껴봅니다.

미세하게 확장되었다가 제자리를 찾아가는 움직임을 느끼고, 천천히 손을 배쪽으로 옮겨 장기의 움직임을 관찰해 봅니다.

숨을 쉴 때마다 꼬리뼈에서부터 땅속 깊이 뿌리내리는 듯한 상상을 하면서 배꼽아래 부분에서 깊고 따뜻한 호흡이 온몸으로 퍼지는 상상을 하면서 호흡을 이어갑니다.

이제 천천히 노출된 피부를 부드럽게 쓰다듬으며 온도와 질감, 밀도를 느껴봅니다.

두 팔과 양다리를 움직이며 바닥과의 마찰에서 느껴지는 감각과 감정을 관찰해 봅니다.

근육의 감각도 느껴봅니다. 팔과 다리를 주무르고 들어올리고 늘려봅니다.

양쪽 허벅지가 바닥에 닿는 느낌을 관찰해 보면서 천천히 들어올리고 내리며 근육의 변화를 알아차려 봅니다.

다리를 접었다 펴며 긴장과 이완을 비교해 봅니다.
왼쪽과 오른쪽의 감각차이, 움직일 때마다 미세하게 변화되는 감각을 느껴봅니다.
발목을 안쪽과 바깥쪽으로 돌리며 감각의 변화를 느껴봅니다.
바로 누운 자세에서 충분히 해본 다음,
엎드려 바닥에 안기는 듯한 느낌을 느끼면서 다시 머리에서부터 발끝까지 몸의 감각에 주의를 기울여봅니다.
충분히 느꼈다고 생각되면 바로 누워 5분간 편안하게 휴식을 취한 뒤에 천천히 일어납니다.

좋아하는 음악에 맞춰 즉흥적으로 움직여 봅니다.
> 음악을 틀지 않아도 좋습니다. 내가 원하는 것을 선택합니다.
이제, 자연스러운 호흡의 리듬에 몸을 맡겨봅니다.
두 발이 안정적으로 나를 지지해주고 있는지 무게중심을 잡아가며 발바닥의 감각을 느껴봅니다.
두 팔을 좌우로 움직여보면서 숨을 더 깊고 느리게 쉬어봅니다.

앞뒤 좌우로 팔과 다리를 움직이면서 조금 더 리듬감 있게 숨을 이어 갑니다.
두 팔과 다리로 바닥을 눌러 지지하는 힘을 느껴보고 한쪽 발에 무게 중심을 두고 휘청이는 감각도 느껴봅니다.
몸 속 장기들의 움직임이 어떻게 느껴지는지도 섬세하게 느껴봅니다.

바닥 뿐만 아니라 벽과 천장이 나를 지지하고 나도 공간을 지지한다고 느껴봅니다.
움직이면서 체온과 심박, 근육의 반응을 관찰해 봅니다.
변해가는 호흡의 리듬감을 느껴봅니다.
들숨은 새로운 감정과 생각, 감각들을 데려오고 날숨은 그 모든 것을 다시 놓아 보냅니다.
숨이 멈추는 짧은 순간에도 머무르면서 고요의 역동을 발견해 봅니다.
> 물, 흙, 불, 공기의 움직임을 적어도 20분정도는 유지해봅니다. 힘들다면 시간을 조정해서 원하는 만큼 유연하게 흘러갑니다.

물이 되어 흐르며 유연해지고 맑아지는 물의 호흡을 이어가며 몸과 마음이 막힘없이 흐르고 시원해지면서 맑아지는 감각을 느끼고, 마치 수영을 하듯 두 팔을 자유롭게 움직이면서 물의 감각이 퍼져가는 호흡을 움직임으로 표현해봅니다.
파도가 되어 밀려왔다가 부서지고 다시 밀려나가는 흐름을 숨으로 표현해보고, 폭포가 되어 시원하게 떨어지는 물살들이 답답했던 마음을 씻어내준다는 마음으로 움직임을 이어갑니다.

흙이 되어 따스하고 깊은 호흡을 느끼며 깊게 뿌리내리는 흙의 움직임을 표현해봅니다.
부드러운 흙 위를 맨발로 걸어가는 듯한 느낌으로 움직이면서 안정감을 되찾고 대지와 연결되는 감각을 되살려봅니다.
한 그루의 고목이 깊고 넓게 뿌리내리는 듯한 상상을 하면서 몸의 경계를 넘어서 공간 전체로 뻗어 나가는 숨과 움직임을 이어갑니다.

불이 되어 생동하는 생명력을 깊이 느끼는 움직임을 이어가며 무거운 마음과 복잡한 생각들을 불태워버립니다.
태워버릴 것은 태워버리고 새롭게 발견하고 만들어가고 싶은 것들을 찾아가는 움직임으로 리듬감 있게 움직여봅니다.
공간 전체를 자유롭게 쓰면서 바닥과 벽, 천장, 구석진 곳들과 눈을 맞춘다는 느낌으로 자유롭게 움직입니다. 몸의 중심을 변화시키고 평상시에 해보지 않았던 움직임도 의도적으로 만들어가면서 몸의 감각, 온도를 섬세하게 느껴봅니다.

서서히 공기가 되어 가벼움과 자유로운 흐름을 품은 호흡을 이어갑니다.

두 팔을 날개짓하며 가벼워지는 몸을 느끼고, 목과 어깨 두 팔의 감각이 어떻게 변해가는지 바라봅니다.

깃털이나 비눗방울이 된 듯 점점 더 가벼워지는 호흡을 느끼면서 바람에 흔들리는 풀잎처럼 움직여봅니다.

제자리에서 점프하거나 공간을 가로질러 뛰어보면서 장기의 흔들림과 중심을 잡는 감각도 느껴봅니다.

내가 원하는 움직임을 하다가, 나에게 필요한 감정을 가져올 것 같은 움직임도 충분히 표현해봅니다.

모든 공간을 활용하면서 소외되는 공간과 몸이 없도록 조화로운 에너지들을 만들어갑니다.

충분히 움직였다고 생각되면, 자리에 서서 두 눈을 감고 호흡을 가다듬습니다.

호흡을 고르고 나서 현재의 감각과 감정, 생각을 글이나 그림으로 표현해 봅니다.

> 떠오르는 색과 이미지를 그대로 담아봅니다.

워크북

1. 오늘 내 몸의 첫 번째 움직임

몸은 생각보다 먼저 말한다. 작은 근육의 긴장, 미세한 방향 전환도 감정의 언어다.

- 오늘 아침, 가장 먼저 한 움직임은 무엇인가?
  (기지개, 하품, 몸 웅크리기 등)
- 그 움직임을 할 때 감정이 있었나? 아니면 무의식적이었나?
- 움직임이 나오기 직전, 어떤 생각을 하고 있었나?
- 그 움직임이 몸을 더 편하게 했나, 아니면 불편하게 했나?
- 반복해서 나오는 움직임이 있나?

2. 자발적 움직임과 의도적 움직임

'하고 싶은 움직임'과 '해야 할 움직임'을 구분하면, 몸의 진짜 필요를 알 수 있다.

- 지금 내 몸이 '하고 싶은' 움직임은 무엇인가?
- 반대로, 내가 '해야 한다고 생각하는' 움직임은 무엇인가?
- 이 둘이 일치하는 경우가 많은가?
- 최근에 '하고 싶은' 움직임을 참았던 적이 있나?
  그 이유는 무엇이었나?
- 그때 몸은 어떤 반응을 보였나? (긴장, 통증, 무기력 등)

- 몸이 원하는 방향대로 움직였을 때 감정이 어떻게 변했나?

3. 소외된 부위를 찾아서
움직임에는 '주인공'이 있지만, 사용되지 않는 '소외된 부위'도 있다. 그곳이 감정의 창고일 수 있다.

- 평소 거의 움직이지 않는 신체 부위는 어디인가?
- 그 부위를 천천히 움직여보면 어떤 느낌이 드는가?
- 움직임이 어색하게 느껴지나, 시원하게 느껴지나?
- 그 부위가 나에게 전하는 메시지가 있다면 무엇일까?
- 이 부위를 움직이며 떠오른 감정이나 기억이 있나?
- 소외된 부위를 자주 움직이면 몸 전체가 어떻게 달라질까?

4. 움직임과 감정의 즉각 연결
움직임은 감정을 '완전히 치유'하는 것이 아니라, 치유의 입구를 열어준다.

- 방금 한 움직임을 세 단어로 묘사해보자.
- 그 움직임 직후, 내 마음 상태를 표현하면?
- 움직임이 감정을 부드럽게 만들었나, 아니면 더 강하게 드러냈나?
- 지금 이 감정을 그냥 두었을 때와, 억눌렀을 때의 차이는 무엇인가?
- 움직임이 끝난 후에도 감정이 남아 있나?
- 이 남은 감정과 앞으로 어떻게 함께 있을 건가?

4부

감정까지 끌어안고 살아간다

감정을 안다고, 갑자기 행복해지진 않아

"그걸 안다고 뭐가 달라지는데?"

감정에 대해 책도 읽고, 수업도 듣고, 상담도 받아봤다.
어느 날 나는 알았다.
아, 내가 느낀 이 감정, 이름이 '수치심'이구나.
이 뒤틀린 감정, 사실 '질투'였구나.
이토록 오래 혼자 앓은 마음이, 알고 보니 '분노의 억제'였구나.
그리고 그 순간 나는 조금 무너졌다.
감정을 알아낸다고, 삶이 편해지는 건 아니었다.
오히려 그 이름을 알게 되자 더 아팠다.
이름 붙이지 않았을 땐 그냥 '혼란'이었는데,
이제는 정확히 그 감정이 뭔지 알면서도, 달라지지 않는 나를 더 또렷이 보게 되었다.
사람들은 감정에 이름을 붙이고 나면
'치유가 시작된다'고 말하지만,
정작 나에게는 '자각'이 고통의 출발점이었다.
그렇다.

감정을 안다고 행복해지진 않는다.

감정의 뿌리를 꿰뚫어봤다고, 다음 날 당장 삶이 가벼워지는 것도 아니다.

심지어 '이해'는 때로 방어일 수도 있다.

감정에 대해 '설명'을 늘어놓으면서, 실제로는 여전히 느끼지 않으려는 나.

"아, 나 지금 무기력한 이유가 이런 발달과정 때문이고, 이건 방어기제고…"

그 말은 똑똑했지만, 정작 그날 나는 하루 종일 침대에서 일어나지 못했다.

감정을 분석한 내가, 감정에 휘둘렸다.

그때 알았다.

감정을 '아는 것'과 '사는 것'은 전혀 다르다는 걸.

이해는 시작이지만, 이해만으론 어디도 못 간다.

감정은 머리로 푸는 문제가 아니라,

살면서, 느끼면서, 실수하면서 천천히 풀리는 퍼즐 같은 것이다.

그러니까,

갑자기 괜찮아지지 않아도 괜찮다.

알았다고 해서 달라지지 않는 나를 미워하지 않아도 된다.

이건 '아직'일 뿐이지, '실패'는 아니다.

우리가 바라는 치유는, 느리게 시작되고,

그 속도는 우리 각자의 고통만큼이나 개별적이다.
감정은 머리로 아는 순간 사라지지 않는다.
뇌는 '이해했다'고 말할 수 있지만,
몸과 신경계는 여전히 예전의 반응을 기억한다.
심리학자 제임스 그로스는 감정을 인식하는 것이
회복의 첫 단계라고 말한다.
하지만 그 뒤에는 재해석, 행동 변화, 환경 조정 같은 후속 과정이
필요하다.
감정을 안다는 건, 치유의 문 앞에 도착한 것뿐이다.
그 문을 열고 안으로 들어가는 길은 여전히 남아 있다.
그러니 이제 그 질문에 이렇게 답해도 좋다.
"그걸 안다고 뭐가 달라지는데?"

…적어도, 이제는 나를 모른 척하지 않게 됐어.

가짜 자존감, 그만 내려놔

나를 좋아해야 한다는 강박은
어쩌면 나를 싫어하는 방식의 또 다른 이름이었다.
"나는 소중해."
"나를 믿어."
"남과 비교하지 마."
우리는 이런 말들을 주문처럼 외운다.
하지만 그 밑바닥에는
'그래야만 나는 살아남을 수 있다'는 절박함이 있다.
자존감을 키우려는 시도 자체는 나쁘지 않다.
문제는, 그 자존감이 '억지로 만든 감정 조형물'이라는 데 있다.
마치 약한 몸을 숨기기 위해 딱딱한 갑옷을 입는 것처럼.
나는 강하다, 괜찮다, 흔들리지 않는다…
그 말들을 반복하며, 우리는 자신을 방어한다.
하지만 진짜 자존감은
"나는 약하다"라고 말할 수 있을 때 시작된다.

"나, 지금 흔들려. 부럽고, 질투나고, 외로워."
이런 말이 입 밖으로 나올 때,
비로소 우리는 그토록 찾아 헤맨 '진짜 나'와 마주친다.
가짜 자존감은 우리에게 참는 법만 가르쳤다.
참고, 인내하고, 어른처럼 행동하라고.
어릴 때부터 우리는 훈련당했다.
"너는 견딜 수 있잖아."
"그 정도로 힘든 거면, 네가 약한 거지."
"감정에 휘둘리지 마. 쿨해져."
그래서 우리는 감정이 올라오면 그걸 '실패'라고 느낀다.
울컥하면, 진 거다.
질투하면, 못난 거다.
분노하면, 미성숙한 거다.
그렇게 감정을 눌러 만든 자존감은
사실 자존감이 아니라 감정 회피의 껍데기다.
진짜 자존감은
감정과 함께 흔들릴 수 있는 용기에서 온다.
질투하고, 분노하고, 외로워하면서도
여전히 내가 괜찮은 사람일 수 있다는
그 믿음에서 자라난다.
그러니 이제 묻자.

나는 진짜 나를 사랑하고 있는가?

아니면 '사랑받을 만한 모습'만 골라서

그 조각들로만 자존감을 꾸미고 있는가?

우리는 늘 "나를 사랑하라"고 말하지만,

사실 사랑보다 먼저 필요한 건 내 감정의 생존을 허락하는 일이다.

감정을 억누른 위에 쌓은 자존감은

부실한 건물처럼 금세 무너진다.

무너지기 전에,

우리, 감정부터 다시 꺼내자.

사랑은 감정의 살아있는 터 위에 지어야 한다.

죽은 감정 위에선 어떤 자존감도 숨 쉬지 못한다.

회복은 '나 괜찮아'가 아니라, '나 아직 아파'라고 말하는 것
감정을 고치는 게 아니라, 안고 살아가는 연습

사람들은 자꾸 괜찮아지라고 말한다.
이겨내라고, 잊으라고, 털어내라고.
감정은 고장 난 무언가처럼 취급된다.
울면 이상한 사람, 분노하면 미성숙한 사람,
아직도 슬퍼하면 뒤처진 사람.
하지만 진짜 회복은 '괜찮아졌다'고 말하는 데 있지 않다.
'나, 아직 아파'라고 솔직하게 말할 수 있는 데서 시작된다.
감정은 질병이 아니다.
수리하거나 제거할 대상이 아니다.
우리가 해야 할 일은,
그 감정을 '없애는 법'이 아니라
그 감정을 '안고 살아가는 법'을 배우는 것이다.
기분 나쁨, 억울함, 외로움, 부끄러움…
그 모든 감정은 고쳐야 할 결함이 아니라
삶을 통과하며 생긴 정당한 흔적들이다.

그 흔적을 덮는다고 낫는 건 아니다.
그건 그냥, 묻는 것이다.
그렇게 묻힌 감정은 언젠가 더 거칠고 아픈 모습으로
다시 돌아온다.
우리는 자꾸 감정의 '끝'을 상상한다.
이 슬픔이 끝나야, 내가 괜찮은 사람 같고,
이 불안이 사라져야, 내가 제대로 사는 것 같다.
하지만 끝나지 않는다.
감정은 끝나는 게 아니라,
살아가는 동안 '함께 데리고 가는 것'이다.
불안은 다시 올 것이다.
슬픔도 다시 올 것이다.
그렇다고 해서
내가 회복되지 않은 사람이라는 뜻은 아니다.
그건 그냥, 살아 있는 사람이라는 뜻이다.
회복이란,
감정을 하나도 고치지 않고도
스스로를 품어줄 수 있게 되는 일이다.
눈물이 나도 외면하지 않고,
질투가 나도 판단하지 않고,
분노가 올라오면 '괜찮지 않다'고 인정하는 일.

그게 가능해졌을 때

비로소 우리는

감정을 데리고 사는 법,

즉 '나로 살아가는 법'을 알게 된다.

다시 무너져도, 이번엔 내가 내 편이다

나는 다시 무너질 수도 있다.
아무렇지도 않은 척하던 날들로 돌아갈 수도 있고,
괜찮은 사람으로 보이려고
또 내 감정을 누를 수도 있다.
그럴 것이다.
그게 인간이다.
하지만, 이번엔 다르다.
이번엔 내가 나를 버리지 않을 것이다.
예전처럼 나를 탓하지 않고,
"왜 또 이래" 대신
"그럴 수 있어"라고 말할 것이다.
사람들은 회복을 하나의 '상태'라고 생각한다.
언젠가 도달하면 끝나는, 영원한 평온.
하지만 진짜 회복은
다시 무너졌을 때,

예전과 다른 방식으로 나를 안아주는 힘이다.

이제 나는 안다.

내 감정은 틀린 게 아니고,

내 아픔은 부끄러운 게 아니고,

내가 느끼는 모든 건, 살아 있다는 증거라는 걸.

그래서 무너져도 괜찮다.

아니, 무너질 수 있어야 진짜다.

넘어져도 다시 일어날 수 있는 힘은

나를 미워하지 않는 데서 시작된다.

이번엔 내가 내 편이다.

누가 뭐라 해도, 나는 나를 믿는다.

감정으로 흔들려도, 아파도, 주저앉아도,

나는 이제 나를 떠나지 않는다.

이기적이고, 못나고, 열등한 나도 나였다

솔직히 말하자.
나는 가끔 이기적이었고,
못났고,
누군가보다 뒤처진 것 같아 열등감에 빠지기도 했다.
그럴 때마다 나는
"왜 나는 이럴까?"
"왜 이렇게 부족할까?"
"왜 이렇게 나 자신이 창피하지?"
하고 마음속에서 나를 할퀴었다.
그러면서도 겉으론 괜찮은 척했다.
쿨한 척, 다 이해한 척,
질투나지 않는 척,
열등감 따위는 없는 사람인 척.
나는 늘 좋은 사람이 되려 애쓰면서
속으로는 나를 부끄러워하고 있었다.

그런데 이제는 안다.
이 모든 부끄러움의 반대편에
진짜 내가 숨어 있었다는 걸.
이기적이었던 건,
사실 내 마음 한 조각쯤은 지키고 싶어서였다.
못났던 건,
아직 자라지 못한 내 감정이 있었기 때문이었다.
열등감은,
진짜 나도 무언가가 되고 싶다는 소망의 반영이었다.
결국 그 모든 못난 감정은
'살고 싶다'는 내 마음의 다른 표현이었다.

우리는 자주 착각한다.
'좋은 모습만이 나다.'
'사랑받을 만한 모습만이 나다.'
그래서 나머지는 숨기고 잘라낸다.
그림자처럼 발 밑에 두고 모른 척한다.
하지만 나는 이제 안다.
그 모든 어두운 모습까지 나였다.
그것이 없으면 나는 온전하지 않다.

사람은 완벽해서 사랑스러운 게 아니다.
사람은 진실해서 사랑스럽다.
비틀거리고, 모자라고,
흔들리는 순간에도
그걸 나라고 인정할 수 있을 때―
비로소 우리는 단단해진다.
상처받은 적 있는 사람만이
누군가를 진심으로 안을 수 있고,
흔들려 본 사람만이
진짜로 중심을 잡을 수 있다.

그러니 이렇게 말해보자.
"그래, 나 그런 사람이었어.
이기적이었고, 못났고, 열등감도 많았어.
그런데 그게 나였어.
그리고 그 나, 지금은 조금씩 달라지고 있어."
그 말 한마디가,
자기혐오에서 자기수용으로 건너가는 다리가 된다.
그리고 그 다리를 건넌 사람만이
진짜로 나를 사랑할 수 있다.
끝까지, 무너지지 않고.

그림자와 화해한 날, 나는 진짜 나를 봤다
제일 싫던 그 감정이, 결국 나였다

내가 어떤 감정을 가장 싫어하는지를 떠올려봤다.

질투, 비난, 과민함, 눈치, 외로움, 초조함.

그 감정이 내 안에 있다는 걸 인정하고 싶지 않았다.

나는 그런 사람이 아니라는 방어막을 오래 붙잡고 있었다.

하지만 어느 순간, 알게 됐다.

내가 가장 싫어하던 그 감정이,

가장 나를 닮아 있었다는 걸.

그건 사실, 나였다.

버려졌던 나, 무시당했던 나, 외면당한 나.

그 감정이 계속 튀어나왔던 건

"나 좀 봐줘"라는 내 안의 오래된 신호였을지도 모른다.

사실 나는 그 감정을 몰랐던 게 아니다.

너무 잘 알아서, 너무 부끄러워서,

그저 눌러온 것뿐이다.

질투가 올라올 때면,

나는 '착한 척'으로 감췄고,

분노가 올라올 때면,

'그럴 수도 있지'라며 고개를 돌렸다.

그리고 그렇게 외면한 감정들은,

더 이상 내 말로는 설명되지 않는 괴물이 되었다.

하지만 나는 안다.

그 감정을 외면하면 할수록,

나는 나에게서 더 멀어진다는 걸.

그 감정이 올라오는 그 순간에

내가 나를 포기하고 있었던 것이다.

그래서 나는 이제 그 감정 앞에 선다.

싫어도, 불편해도, 부끄러워도,

그건 내가 살기 위해 만들어낸 방식이었음을 인정한다.

그 감정은 나를 망친 게 아니라, 나를 지켜준 방식이었다.

나는 이제 그 감정들을 안아주기로 했다.

그리고 그날, 처음으로

나는 나를 똑바로 봤다.

진짜 나를.

그림자와 화해한 날, 나는 나에게서 도망치지 않기로 했다.

그림자는 내가 아닌 것이 아니라,

그동안 내가 사랑하지 못했던 나였다.

워크북

1. 내가 알아챈 감정

감정을 '안다'는 건 시작일 뿐이다. 인식한 순간이 전환점이지만, 변화는 과정에서만 일어난다.

- 최근 내가 새롭게 알아챈 감정은 무엇인가?
- 그 감정을 알게 된 계기는 무엇이었나?
- 알아차리기 전과 후, 나의 행동이나 생각이 달라졌는가?
- 그 감정을 인정했을 때 기분이 어땠나? (안도, 불안, 두려움 등)
- 이 감정을 더 깊이 이해하기 위해 앞으로 무엇을 할 수 있을까?

2. 기대와 현실의 간극

감정을 알았다고 해서 곧바로 행복해지지는 않는다. 이 간극을 인정하는 것이 회복의 첫걸음이다.

- 나는 감정을 알면 바로 나아질 거라 기대했나?
- 실제로는 어떤 변화가 있었고, 어떤 변화는 없었나?
- 변화가 더딜 때 어떤 생각이 드나?
- 그 느린 속도를 받아들이는 게 어려운가, 괜찮나?
- 내가 원하는 변화의 속도는 어느 정도인가?

3. 감정과의 동행 기록

감정은 '없애는 것'이 아니라 '함께 살아가는 것'이다.

- 오늘 하루 동안 가장 오래 머물렀던 감정은 무엇이었나?
- 그 감정과 함께 있었던 시간은 어땠나?
- 감정이 주는 불편함을 줄이기 위해 어떤 행동을 했나?
- 그 행동이 감정을 사라지게 했나, 아니면 잠시 완화시켰나?
- 내일도 이 감정이 남아 있다면, 나는 어떻게 반응할까?

4. 감정과 나 사이의 대화

감정을 '대화 가능한 존재'로 상상하면, 감정과의 관계가 부드러워진다.

- 오늘 내가 알아챈 감정에게 말을 건다면, 뭐라고 할까?
- 그 감정은 나에게 어떤 답을 할 것 같은가?
- 감정이 원하는 건 '변명'인가, '이해'인가?
- 이 감정을 내 편으로 만들려면 나는 무엇을 해야 할까?
- 감정이 나에게 주고 있는 은밀한 도움은 무엇인가?

5. 오늘의 작은 실험

작은 행동 변화를 통해 감정과 친밀감을 쌓을 수 있다.

- 오늘 하루, 떠오른 감정을 부정하지 않고 3분 동안 그대로 느껴보자.

- 그 감정의 강도가 어떻게 변하는지 기록하자.
- 감정이 줄거나 변했을 때, 그 이유를 적어보자.

Memo
_____
_____
_____
_____
_____
_____
_____
_____
_____

5부

몸과 감정을 통해 세상과 연결되다

몸이 열리면 관계가 달라진다
닫힌 몸은 닫힌 관계를 만든다

몸은 언제나 말하고 있다. 입으로는 "괜찮아"라고 말해도, 굳게 닫힌 어깨와 움츠러든 가슴은 이미 타인에게 신호를 보낸다.
'나는 지금 나를 지키느라 바쁘다'는 무언의 메시지.
그 신호를 받은 사람은 더 다가가지 않고, 더 묻지 않으며, 거리를 둔다.
닫힌 몸은 관계를 가로막는다.
이때 '닫힘'은 단순히 팔짱을 끼거나 눈을 피하는 동작만을 의미하지 않는다.
숨이 가슴 위쪽에서만 얕게 머물고, 목소리가 작아지고, 표정이 굳어 있는 순간들 모두가 닫힘이다.
그 순간 우리는 세상을 향한 문을 잠그고 있는 것이다.
몸이 닫히면 감정도 함께 닫힌다.
숨을 깊게 쉬지 못하는 상태에서는 내 안의 감정을 소화하거나 표현할 여유가 없다.
마음이 굳어 있는 동안 타인의 표정이나 목소리의 온기를 읽어내는 감각도 무뎌진다.
그러니 관계에서 오해가 쌓이고, 연결은 점점 느슨해진다.
반대로, 몸이 열리면 관계도 열린다.
어깨를 살짝 뒤로 젖히고, 척추를 곧게 세우고, 숨을 배까지 깊이
들이마시는 순간, 나의 시야가 넓어진다.
호흡이 바닥까지 닿으면 감정이 차분해지고, 눈빛이 부드러워진다.
그 부드러움이 상대의 경계심을 풀고, 서로를 향한 작은 다리를
놓는다.
몸이 열렸다는 것은 곧 '나는 당신의 존재를 받아들일 준비가 되어
있다'는 신호다.
우리는 말보다 먼저 이 신호를 주고받는다.
관계는 이렇게, 몸의 미묘한 열림과 닫힘을 따라 움직인다.
혹시 최근 누군가와의 관계에서 거리감이 느껴진다면, 대화 내용보다
먼저 몸을 살펴보자.
내 어깨는 열려 있는가? 내 호흡은 깊은가?
내 몸이 타인을 맞이할 공간을 남겨두고 있는가?
관계의 시작은 대단한 말이나 계획이 아니라,
그저 몸을 조금 더 열어주는 것에서 시작된다.
그 작은 변화가 상대방의 마음을 여는 열쇠가 된다.

나의 경계와 타인의 경계

경계는 벽이 아니라 문이다.

경계라고 하면 많은 사람이 먼저 '차단'을 떠올린다.
누군가를 밀어내고, 나를 지키는 단단한 벽.
하지만 건강한 경계는 벽이 아니라 문이다.
필요할 때는 닫아 나를 보호하고, 안전하다고 느껴질 때는 열어
타인을 맞이할 수 있는 유연한 문.
경계가 없으면 관계는 혼탁해진다.
타인의 감정이 그대로 내 안에 쏟아져 들어와 나를 압도하거나, 내가
상대의 삶 속으로 무단 침입하게 된다.
반대로 경계가 너무 두꺼우면 누구도 내 안에 들어올 수 없고, 나 역시
세상과 연결될 기회를 잃는다.
그래서 경계는 '닫기'와 '열기'의 균형 속에서 살아 있는 것이다.
몸과 마음이 건강할 때, 우리는 경계를 자유롭게 조절할 수 있다.
내 안이 불안정하면 작은 자극에도 문을 잠가버리고, 혹은 불안한
마음을 달래기 위해 아무에게나 문을 열어젖힌다.
둘 다 결국 나를 소모시키는 방식이다.

경계를 문처럼 쓰는 사람은, 자신을 지키면서도 타인과의 연결을
유지한다.
그는 '아니오'라고 말할 수 있고, 동시에 '어서 와'라고 말할 수 있다.
그 문을 열고 닫는 선택권이 내 손에 있다는 사실이, 나를 더 안전하게
만든다.
혹시 지금 누군가와의 관계에서 벽처럼 느껴지는 것이 있다면,
스스로에게 물어보라.
그것은 진짜 벽인가, 아니면 아직 열지 않은 문인가?
문은 스스로의 의지만 있으면 열 수 있다.
다만 그 문턱을 넘어오기 전에, 나는 충분히 안전한가, 내 안의 공간이
준비되어 있는가를 먼저 살펴야 한다.
경계는 세상과의 단절이 아니라, 더 건강하게 연결되기 위한 장치다.
나를 지키는 힘이 있어야 타인을 환대할 수 있다.
그래서 경계는 결국 '관계'를 결정짓는 가장 중요한 구조물이다.

> 몸의 감각을 통해 '이건 나의 감정,
> 저건 타인의 감정'이라는 구분이 선명해진다.

심리학에서는 타인의 감정을 자신이 느끼는 것처럼 경험하는 현상을 정서적 전염이라고 부른다. 인간은 무의식적으로 표정, 목소리, 몸의 긴장을 모방하며 그 사람의 정서 상태에 동기화된다. 이는 사회적 유대에는 도움이 되지만, 자신의 감정과 타인의 감정을 구분하는 능력이 부족하면 쉽게 정서적 소진(burnout)에 빠진다.

신경과학적으로, 이런 정서적 동기화에는 거울신경세포가 깊이 관여한다. 이 세포들은 우리가 다른 사람의 표정이나 움직임을 볼 때, 마치 내가 그 감정을 직접 느끼는 것처럼 뇌의 동일한 부위를 활성화시킨다. 그 결과, 내 감정이 아닌데도 심장 박동이 변하거나, 호흡이 얕아지고, 근육이 긴장하는 등 신체 반응이 나타난다.

문제는 이 반응이 내 것인지, 외부에서 전이된 것인지 구분하지 못하면 '감정 경계'가 흐려진다는 점이다. 경계가 흐려진 상태에서는 타인의 불안을 나의 불안으로, 타인의 분노를 나의 분노로 착각하게 된다.

이 구분을 가능하게 해주는 가장 기초적 도구가 신체 감각에 대한 자각이다. 몸속 장기·근육·피부에서 오는 미세한 신호를 정확하게 읽어

낼 수 있는 사람일수록 자기 감정의 출처를 명확히 구분한다고 한다. 예를 들어, 내 분노는 보통 특정한 촉발 요인과 함께 심박 상승·열감·호흡 변화가 동반된다. 반면, 타인의 감정이 전이된 경우에는 명확한 원인 없이 목과 어깨의 긴장이나 배 부위의 답답함처럼 '막연한 불편함'이 먼저 감지된다.

이 차이를 훈련으로 인식하는 과정이 바로 '감정 주인 구분'이다. 이를 통해 우리는 다음과 같은 3단계 인식을 만들 수 있다.

> 1. 지금 느끼는 신체 반응을 관찰한다.
> 2. 그 반응에 대응하는 구체적 사건·사유가
>   내 안에 있는지 확인한다.
> 3. 없다면, 타인의 정서가 전이된 것임을 인식하고
>   내려놓는다.

이 능력이 발달하면, 불필요하게 타인의 감정을 짊어지지 않게 된다. 그 결과 관계 속에서 더 건강한 거리감과 동시에 더 깊은 공감을 유지할 수 있다. 경계는 단절이 아니라, 벽이 아니라 문이다. 몸의 감각을 활용한 구분이야말로 그 문을 여닫는 열쇠다.

세상의 리듬과 나의 리듬 맞추기
세상은 움직임의 집합체

우리가 살아가는 세상은 거대한 움직임의 네트워크다. 태양은 하루에 한 번 떠오르고 지며, 바다는 밀물과 썰물로 숨을 쉰다. 계절은 순환하며, 도시의 불빛과 사람들의 발걸음도 끊임없이 변한다. 숨 쉬는 것, 눈을 깜박이는 것, 심장이 뛰는 것까지—모든 것은 멈추지 않는 리듬 속에 있다.

문제는, 우리는 종종 그 리듬과 어긋난 채 살아간다는 것이다.

너무 빨라서 지치거나, 너무 느려서 소외된다.

세상이 너무 시끄러워서 내 호흡이 흐트러질 때도 있고, 세상이 너무 고요해서 내 안의 불안이 커질 때도 있다.

몸의 감각을 회복하면 이 불일치를 조금씩 조율할 수 있다. 발바닥이 땅에 닿는 느낌, 폐로 들어오는 공기의 온도, 심장이 박동하는 속도… 이런 신호들은 내가 지금 어떤 리듬에 있는지를 알려준다. 그리고 이 리듬을 조금 조정하면, 세상의 흐름과 맞춰갈 수도, 필요할 때는 살짝 벗어날 수도 있다.

심리학자 미하이 칙센트미하이가 말한 '몰입(flow)' 상태도 같은 원리다. 몰입은 나의 리듬과 환경의 리듬이 거의 완벽하게 맞아떨어질 때 일어난다. 음악을 들을 때 몸이 절로 박자를 타듯, 글을 쓸 때 시간이 사라진 것처럼 느껴지듯, 세상과 내가 하나의 박동을 공유하는 순간이다.

그런 순간은 우연처럼 오지만, 사실은 연습으로 만들 수 있다.

하루 중 잠시라도 걸음과 호흡을 맞추어 걷고, 주변의 소리와 내 심장 박동을 동시에 느껴본다.

새벽의 적막과 저녁의 소란, 바람이 스치는 속도와 내 눈꺼풀의 깜박임이 같은 흐름을 타는 순간을 찾아본다.

세상은 거대한 움직임의 집합체다.

그 안에서 내 몸과 마음이 같은 리듬으로 춤출 때, 우리는 세상과 연결된 존재라는 사실을 가장 선명하게 느낀다.

감정은 순환한다.

감정은 절대 고정되어 있지 않다.
기쁨도, 슬픔도, 분노도, 두려움도 모두 흐른다. 파도처럼 밀려왔다가
빠져나가고, 바람처럼 불어왔다가 사라진다.
그런데 우리는 종종 감정을 '붙잡으려' 한다.
분노를 오래 곱씹거나, 슬픔을 깊이 움켜쥐거나, 기쁨을 절대 잃고
싶지 않아 한다.
그러다 보면 감정은 흐르지 못하고 고인다. 고인 감정은 점점
무거워지고, 결국 내 몸과 마음의 한 구석을 썩게 만든다.
신경과학에서도 감정의 순환을 이야기한다.
감정은 뇌의 변연계와 자율신경계가 서로 신호를 주고받으며
생성되는데, 그 회로가 닫히지 않으면 감정이 '완결'을 맞지 못한다.
예를 들어, 공포를 느끼고 나서도 안전하다는 신호를 받지 못하면,
몸은 계속 긴장 상태에 머무른다. 반대로, 감정을 충분히 느끼고
표현하면 신경계가 안정되고, 다음 감정을 맞이할 준비가 된다.
감정을 순환시키는 방법은 단순하다.

그것을 있는 그대로 느끼고, 안전한 방식으로 표현하는 것. 말로 꺼내도 좋고, 글로 써도 좋고, 몸을 움직여도 좋다. 중요한 건 감정을 억누르거나, 너무 오래 붙잡아두지 않는 것이다.

물은 흐르면 맑아진다.

감정도 그렇다. 순환하는 감정은 나를 더 유연하게 만들고, 다음 감정이 들어올 공간을 만들어준다.

이 순환 속에서 우리는 조금씩 가벼워지고, 세상을 다시 바라볼 힘을 되찾는다.

연결의 완성, 다시 나로 돌아오기
다시 나에게로 돌아오는 루틴

타인과의 대화, 세상과의 관계, 수많은 감정의 파동을 지나고 나면 우리는 다시 '나'에게로 돌아와야 한다.

아무리 좋은 연결이라도, 나를 잃어버린 채 오래 머물면 결국 지치고 흐려진다.

관계의 끝은 단절이 아니라 회귀다.

나라는 뿌리에 다시 닿아야, 다음 연결을 더 깊고 건강하게 이어갈 수 있다.

몸은 이 귀환의 길을 기억한다.

심장이 일정한 리듬을 찾고, 호흡이 가라앉으며, 근육이 제자리로 돌아오는 순간, 몸은 "이제 안전하다"는 신호를 보낸다.

이 과정이 반복될수록, 세상 속에서 더 멀리 나갔다가도 다시 나로 돌아올 수 있는 힘이 커진다.

루틴은 단순할수록 좋다.

작지만 반복되는 동작들은 몸과 마음을 나의 중심으로 데려온다.

내가 정한 작은 루틴들은 감정의 순환을 완성하는 마침표이자, 다시 시작할 수 있는 쉼표다.

세상과 연결된 채 살아가면서도, 언제든 나라는 항구로 돌아올 수 있다는 확신.

그 확신이 있을 때, 우리는 더 용감하게 나아갈 수 있다.

워크북

1. 몸이 열리면 관계가 달라진다

- 나는 언제 관계에서 '닫힌 몸'을 하고 있었나?
- 내 몸이 닫힐 때, 감정과 생각에는 어떤 변화가 있었나?
- 오늘 하루, 사람을 만나는 순간 내 어깨, 시선, 호흡이 어떻게 변하는지 기록해보자.
- 관계 속에서 몸이 가장 편안했던 순간의 느낌을 구체적으로 묘사해보자.
- 대화를 시작하기 전에 몸을 여는 나만의 동작 (예: 심호흡 3번, 어깨 풀기)을 실험해보고 변화 기록하기.

2. 나의 경계와 타인의 경계

- 나는 관계에서 '벽'을 세우는 편인가, '문'을 여는 편인가?
- 경계를 지키는 것이 어려웠던 경험은 언제였나?
- 누군가 내 경계 안으로 들어올 때, 몸이 가장 먼저 반응하는 부위는 어디인가?
- 타인의 경계를 존중했을 때 내 몸의 긴장도가 어떻게 달라졌나?
- 오늘 하루, 대화 중 "그건 네 선택이구나" "그건 네 감정이구나"라는 문장을 한 번 이상 사용해본다.

3. 몸의 감각을 통해 '이건 나의 감정, 저건 타인의 감정' 구분하기

- 최근에 내가 타인의 감정을 '내 것'처럼 느껴 힘들었던 경험은?
- 그때 내 몸의 어떤 신호를 무시했나?
- 오늘 하루, 불편한 감정을 느낄 때 '이 감정이 내 건가?'라고 물어보고, 몸의 반응을 기록한다.
- 타인의 불안을 들었을 때 내 호흡, 심장 박동, 어깨 근육의 변화를 적어본다.
- '감정 구분 연습': 감정을 느낄 때 "이건 내 감정이다 / 이건 타인의 감정이다"를 속으로 구분해보기.

4. 세상의 리듬과 나의 리듬 맞추기

- 내가 세상의 속도에 휩쓸려 무리했던 경험은?
- 내가 나만의 리듬을 지켰을 때 삶이 어떻게 달라졌나?
- 오늘 하루, 외부 환경(날씨, 소음, 대화 분위기)에 따라 내 호흡이 어떻게 변하는지 기록해본다.
- 느려졌을 때 편안함을 느끼는지, 불안을 느끼는지 체크해본다.
- 하루에 5분, 주변의 소리와 리듬을 가만히 듣는 시간을 갖는다.

5. 감정은 순환한다

- 내가 가장 오래 붙잡고 있던 감정은 무엇이었나?

- 그 감정을 흘려보냈을 때 내 삶에 어떤 변화가 있었나?
- 오늘 하루, 감정이 올라왔다가 사라지는 순간을 최소 3번 기록해본다.
- 감정이 떠날 때 몸이 어떤 변화를 느끼는지 적어본다.
- '감정 순환 루틴' 만들기: 걷기, 심호흡, 글쓰기, 움직임 명상 등 하나를 감정을 순환시키는 도구로 정하고 실험해본다.

6. 다시 나에게로 돌아오는 루틴

- 하루를 마무리하며 "지금 나는 어디에 서 있는가?"를 묻고 답해본다.
- 내가 나에게 돌아올 수 있도록 도와주는 '작은 의식'은 무엇인가?
- 하루 중 나에게 가장 안정감을 주는 장소와 시간, 몸의 상태를 적는다.
- 루틴 전후의 심장 박동과 호흡 패턴을 비교해본다.
- 나에게 돌아오는 3~5분 루틴 만들기
  (예: 바디스캔, 창문 열고 깊게 숨쉬기, 차 마시기).
- 일주일 동안 실험하고, 어떤 변화가 있었는지 기록한다.

에필로그

......
나는 싱잉볼과 움직임 명상을 하고, 사람들에게 안내한다.
살고 싶어서, 진짜 살아보고 싶어서 시작했다.
무기력하고, 감정에 잠식당하고, 괜찮은 척만 하던 시절이 너무 길었다.
그러다 우연히 싱잉볼 소리를 들었고 움직이기 시작했다. 그건 처음 듣는 낯선 언어 같았다.
소리에 반했고, 명상을 시작했고, 그렇게 감정을 다시 만나게 됐다.

나는 감정이 조용한 사람이 아니었다.
오히려 너무나 많은 감정이 한꺼번에 몰려와 나를 집어삼키곤 했다.
화를 잘 냈고, 마음을 쉽게 다치고, 그 감정을 애써 감추다 더 엉망이 되곤 했다.
내 감정을 나도 이해하지 못했고, 타인의 감정도 해석하지 못했다.

그런 내가, 명상을 하며 처음으로 나와 마주하게 됐다.
말하지 않아도 되는 공간에서, 몸과 마음이 울림에 반응하는 걸 지켜보며
나는 처음으로 내 존재를 조건 없이 받아들이는 연습을 시작했다.

회복은 어느 날 갑자기 완성되는 게 아니다.
울컥하는 날도 있고, 다시 무너지는 날도 있다.
하지만 확실한 건 있다.
이젠 더 이상 내 감정을 외면하지 않는다는 것.
이제는, 나를 향해 스스로 조용히 말을 걸 수 있게 되었다는 것.

나는 내 몸과 다시 연결되었고,
몸을 통해 오래 묵힌 감정에게 숨 쉴 공간을 내주었다.
머리가 모른 척했던 슬픔도,
입 밖에 낼 수 없던 억울함도,
그 울림 속에서 비로소 제 목소리를 찾았다.
그래서 이 책은 누구보다 오래 참고,
조용히 아팠던 나에게 썼다.
그리고 당신에게 건네고 싶다.
"느껴도 괜찮아.
지금 아프면 아픈 대로, 그대로 있어도 괜찮아."

《여인숙》 루미

인간 존재는 하나의 여인숙,
매일 아침 새로운 손님이 도착한다.
기쁨, 우울, 비열함—
잠깐씩 깨어나는 의식이
모두 예상치 못한 손님으로 찾아온다.
모두 반갑게 맞이하라.
그들 모두를 환대하라.
슬픔이라는 손님이
네 집안을 거칠게 휘저어
가구를 모조리 내보낼지라도,
그를 정중히 대하라.
그가 새로운 기쁨을
들여오기 위해 공간을 치우는 것일지도 모르니.
어두운 생각, 수치심, 악의—
문 앞에서 웃으며 맞이하라.
그리고 안으로 초대해
그 손님들에게 감사하라.
그들은 모두
너의 내면으로부터 온
어떤 지침을 몰래 들고 온 이들일지도 모른다.
그러니 누구든 다 맞이하라.
다가오는 이들을 놓치지 마라.
왜냐하면, 이 모든 감정들은
너 자신을 더 깊은 곳으로
이끌어주는 가이드이기 때문이다.

감정실격

1판 1쇄 펴냄 2025년10월 1일

지은이   김나은
펴낸이   라성일
편집   이경인
디자인   박은주
마케팅   안소은

출판등록 2022. 6.23 (제2022-000073호)
서울특별시 마포구 서교동 338-1

e-mail   linolenic@hanmail.net
Instagram @publisher_peramica

ISBN 979-11-982195-6-5